Evelyn Boos

Das kleine **simplify®**

Partnerschaftsbuch

Impressum

ISBN 978-3-8125-0893-3 Das kleine simplify® Partnerschaftsbuch

Bibliographische Information der Deutschen Bibliothek
Die Deutsche Bibliothek verzeichnet diese Publikation
in der Deutschen Nationalbibliographie,
detaillierte bibliographische Daten sind im Internet
über *http://dnb.ddb.de* abrufbar

Herausgeber: Detlef Koenig, Bonn
Redaktion: Evelyn Boos, Schondorf am Ammersee
Lektorat: Stefanie Schaefer, Bonn
Produktmanagement: Patricia Schumacher, Bonn,
Herstellung: Sebastian Gerber, Bonn
Herstellungsleitung: Monika Graf, Bonn

Layout: Stefanie Schaefer, Bonn / Gerd Wilms, Bornheim
Druck: Druckhaus Köthen, Köthen

VNR Verlag für die Deutsche Wirtschaft AG
Eingetragen: Amtsgericht Bonn, HRB 8165
Vorstand: Helmut Graf, Bonn
Besucheradresse: VNR Verlag für die Deutsche Wirtschaft AG
Theodor-Heuss-Str. 2-4, 53177 Bonn,
(Großkundenpostleitzahl: 53095 Bonn)
Telefon: (0228) 8205-0, Telefax: (0228) 35 97 10
E-Mail: info@simplify.de

simplify®

ist eine eingetragene Marke der VNR Verlag für die Deutsche Wirtschaft AG

Liebe Leserin, lieber Leser,

sie wirkt nachweislich lebensverlängernd und ist der einzige Faktor, der dauerhaft dafür sorgt, dass wir uns glücklich schätzen: **eine harmonische und freudvolle Partnerschaft.** Haben sich zwei Liebende gefunden, ist am Anfang alles wunderbar – Schmetterlinge im Bauch, stundenlange Gespräche, verliebte Wochenenden und glückliche Stunden. Entscheidet man sich dann für ein gemeinsames Leben und vielleicht auch für Kinder, gilt es, das Glücksgefühl der Anfangszeit zu erhalten und in den Alltag zu retten.

Leider geschieht es allzu oft, dass Paare sich im Spannungsfeld der alltäglichen Herausforderungen verlieren und aufreiben lassen. **Das kleine simplify Partnerschaftsbuch** hilft Ihnen, Ihre Liebe lebendig und Ihre Partnerschaft glücklich zu erhalten. Es enthält wertvolle Anregungen und Tipps für Alltagssituationen im ersten Kapitel, zeigt in Kapitel Zwei wie Eltern ein Liebespaar bleiben und behandelt im dritten Kapitel das wichtige Thema Kommunikation. Für typische Meinungsverschiedenheiten liefert das Kapitel Vier unter der Überschrift „Zwei Menschen – zwei Meinungen" Lösungsideen und Verhaltensvorschläge. Das fünfte Kapitel schließlich liefert eine Fülle von Romantik-Tipps und Überraschungsideen, mit denen Sie dem liebsten Menschen der Welt immer wieder zeigen können, wie sehr Sie ihn/sie lieben.

Ich wünsche Ihnen eine Liebe ohne Ende

Ihre
Evelyn Boos
simplify Partnerschaft

Inhalt

1. Miteinander leben

❤ 1.1 ... auch wenn die innere Uhr gegeneinander tickt

Von Nachteulen und Frühaufstehern

Sich abends gemeinsam einkuscheln und nach einer erholsamen Nacht morgens als Erstes einen Kuss vom liebsten Menschen der Welt zu bekommen, ist eine wunderschöne Idealvorstellung. Nicht alle Paare können Ihren Lebensrhythmus so perfekt aufeinander einstellen. Haben eine Nachteule und ein Frühaufsteher zusammengefunden, kann es schwierig werden. Während das Arbeitsleben die meisten von uns unter der Woche ziemlich früh aus dem Bett holt, will wenigstens am Wochenende jeder nach seinem Rhythmus leben.

Der frühe Vogel fängt den Wurm

Für Nachteulen völlig unverständlich ist es, dass echte Frühaufsteher auch an freien Tagen mit einem Lied auf den Lippen fröhlich um 6 Uhr aus dem Bett springen, damit sie was vom Tag haben. Da hilft nur Verständnis, und zwar von beiden Seiten. Der Morgenmensch kann ruhig aufstehen, aber bitte leise. Vielleicht ziehen Sie die Haustür geräuschlos hinter sich zu und gehen schon mal zum Sport oder zum Einkaufen. Wichtig ist, dass Sie die Eigenart Ihrer Frau/Ihres Mannes akzeptieren und nicht als Faulheit abtun!

Man kann den Tag auch erst am Abend loben

„Musst du bis mittags schlafen? Nie können wir im Frühtau zu Berge ziehen!" Jeder Langschläfer kennt den Vorwurf, versteht ihn aber nicht. Auch ein Sonnenuntergang in den Bergen ist schön. Sie sind einfach ein „nachtaktives Wesen", das morgens nur langsam in die Gänge kommt? Klar, dass Sie am Wochenende ausschlafen wollen, aber haben Sie auch Verständnis für Ihren Schatz. Wenn Ihre Liebste/Ihr Liebster schon schläft und Sie noch bis morgens um zwei Musik hören wollen, tun Sie das bitte mit Kopfhörer und üben Sie sich auch sonst in Rücksicht. Staubsaugen um Mitternacht findet nicht jeder angenehm.

Kompromiss-Ideen

Vielleicht können Sie sich ja darauf einigen, dass am Samstag einigermaßen früh aufgestanden wird und am Sonntag Ausschlaftag ist? Oder darauf, dass ein Wochenende der eine und das nächste Wochenende der andere den Takt vorgibt? Man kann sich auch ganz langsam und schrittweise annähern: Der Frühaufsteher bleibt noch eine Stunde ruhig im Bett liegen, der Langschläfer lässt sich dann aber wecken. Vereinbaren Sie im entspannten Gespräch eine einvernehmliche Regelung. Möglichkeiten gibt es viele, nur eines gilt nicht: Dauerhaft über die Schlafgewohnheiten des anderen zu jammern oder gar zu lästern!

❤ 1.2 Gemeinsames Leben, gemeinsame Kasse?

Transparenz ist wichtig

Beim Staat müssen die Bundesbürger zähneknirschend akzeptieren, dass er mittlerweile auch ohne konkrete Verdachtsmomente sämtliche Kontoverbindungen bei den Banken online abfragen darf. Innerhalb ihrer Beziehung indes schaffen viele Partner bei Gelddingen nach wie vor keine Transparenz: getrennte Konten auch nach der Eheschließung, eine diskrete Bankverbindung im Internet, ein Schließfach bei der Sparkasse ganz für sich allein oder nur ein Sümmchen Bargeld, das man über die Zeit von den laufenden Ausgaben abzweigt. Das birgt Potenzial für Spannungen oder sogar handfeste Krisen!

Vertrauen steht auf dem Spiel

Die Beteiligten müssen sich im Klaren darüber sein, dass sie mit ihrem „Bankgeheimnis" viel riskieren. In jedem Fall entsteht massives Misstrauen, wenn der andere von verheimlichten Geldern oder von Unregelmäßigkeiten auf bekannten Konten erfährt. Die Fragen, die dann stets auftauchen sind für viele beängstigend: Will er/sie für eine spätere Trennung vorbauen? Führt der Partner gar bereits ein Parallel-Leben, für das er Geld umleitet? Schon die Tatsache, dass jemand innerhalb einer Beziehung auf seinem eigenen Konto besteht, schürt oft Misstrauen: Ist der Partner gar nicht so solvent, wie er mir vermittelt hat, oder sitzt er gar auf Schulden?

Gesprächsbedarf

Meistens sind die Beweggründe für den Wunsch nach finanzieller Privatsphäre aber nicht so gravierend und schwerwiegend wie ein überraschter Partner vermutet – und sogar gut nachvollziehbar. Oft ist es schlicht Gewohnheit, gelegentlich aber auch schlechte Erfahrungen mit zu großer Offenheit in vorangegangenen Beziehungen. Auch sind besonders in Deutschland Geldangelegenheiten für viele noch ein Tabuthema.

Wer das seinem Gegenüber erklärt, vermeidet die (oft unnötige) Gefahr, die Beziehung ernsthaft zu belasten. Besonders wenn in einer Ehe die Frau aufgrund der Kindererziehung ihre Karriere zurückstellt und daher abhängig von ihrem Mann ist, hat sie das Recht, in alle finanziellen Entscheidungen einbezogen und informiert zu werden.

In anderen Fällen sind getrennte Finanzen ohnehin unproblematischer: wenn beide in einer Ehe berufstätig sind und ähnlich viel verdienen beispielsweise oder wenn eine Beziehung noch jung ist. Dann gibt es wichtigere Themen, und zudem müssen beide erst Vertrauen aufbauen.

 Tipp

Besonders wer für einen Partner Bürgschaften für Kredite übernimmt, etwa bei einer Immobilienfinanzierung oder für geschäftliche Verpflichtungen, sollte unbedingt sicherstellen, über dessen sämtliche Bankverbindungen informiert zu sein. Niemand sollte es Ihnen übel nehmen, wenn Sie sich das schriftlich erbitten – immerhin leisten auch Sie eine wichtige Unterschrift. Nur so vermeiden Sie, dass später unerwartet weitere Schulden auftauchen.

❤ 1.3 Kommen Sie sich nicht zu nah!

Nah, aber nicht zu nah

Nähe und Vertrautheit sind Gewinn bringend für ein ausgeglichenes Liebesleben. Wenn man einander richtig gut kennt, weiß, was den anderen anregt, wo seine empfindsamsten Stellen sind und zu welcher Tageszeit man ihn am besten verführen kann, dann fördert dies ein erfülltes und entspanntes Liebesleben.

Aber bedenken Sie auch, dass zu große Nähe im Alltag schnell zu Nachlässigkeit führt – und die ist der Tod jeglicher Erotik. Oder törnen Sie labberige T-Shirts, die Gurkenmaske auf dem Gesicht oder miefige Sportsocken wirklich an? Es ist auch nicht jedermanns Sache, das Badezimmer immer gleichzeitig mit seinem Partner zu benutzen; Details Ihrer Körperpflege muss Ihre Liebste nicht unbedingt mitkriegen, und auch als Frau sollte man in dieser Hinsicht ruhig ein paar Geheimnisse haben. Umso aufregender ist es für Ihr Gegenüber, wenn Sie dann „in voller Schönheit" in Richtung Schlafzimmer verschwinden.

Abstand macht anziehend

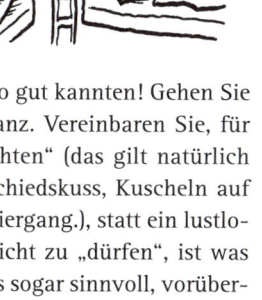

Herrscht einmal eine richtige Flaute auf dem Meer Ihrer Liebe, denken Sie an die Anfangszeit zurück: Wie aufregend war Ihr Sex, als Sie sich noch nicht so gut kannten! Gehen Sie in diesem Fall in voller Absicht auf Distanz. Vereinbaren Sie, für eine gewisse Zeit aufeinander zu „verzichten" (das gilt natürlich nicht für „kleine" Zärtlichkeiten wie Abschiedskuss, Kuscheln auf dem Sofa oder Händchenhalten beim Spaziergang.), statt ein lustloses Pflichtprogramm abzuspulen. Denn nicht zu „dürfen", ist was anderes als nicht zu wollen! Vielleicht ist es sogar sinnvoll, vorübergehend in getrennten Zimmern zu schlafen. Die Wahrscheinlichkeit ist groß, dass Sie nach gar nicht allzu langer Zeit an seine Schlafzimmertür klopfen oder er Sie bald mal wieder fragt: „Gehen wir zu dir oder zu mir?"

Heute so, morgen so …

Loten Sie öfter mal für Ihr eigenes Liebesleben aus, wie viel Nähe Sie und Ihr Partner gerade brauchen und wie viel Distanz Ihnen gut tut. Dies muss nämlich nicht zu allen Zeiten gleich sein, denn Lust und Leidenschaft sind nicht berechenbar. Und toller Sex lebt ja von Spannung und Abwechslung.

❤ 1.4 Eifersucht – die dunkle Seite der Liebe

Zeit, zu handeln?

Eifersucht ist die dunkle Seite der Liebe. Niemand ist davor gefeit, ab und zu mal eifersüchtig zu sein auf Menschen, denen der Partner scheinbar mehr Aufmerksamkeit schenkt als einem selbst. Wenn die Eifersucht jedoch zum Dauerthema wird, wenn Sie beginnen, Ihrer Partnerin oder Ihrem Mann ständig Vorwürfe zu machen, und Sie selbst sich schlecht und unglücklich fühlen, ist es Zeit, zu handeln!

Warum sind Sie eifersüchtig?

Machen Sie sich zunächst selbst die Ursachen Ihrer Eifersucht klar. Eifersucht resultiert sehr oft aus einem mangelnden Selbstwertgefühl. Wenn Sie sich selbst nicht für attraktiv, liebenswert und sympathisch halten, wird es Ihnen schwer fallen zu glauben, dass der Partner dies tut. Wer sich selbst nicht liebt, tut sich in einer Beziehung sehr schwer. Warum wohl hätte Ihr Mann Sie geheiratet, wenn Sie nicht liebenswert wären? Wieso sollte Ihre Freundin fast jede freie Minute mit Ihnen verbringen, wenn nicht aus Liebe? Wenn Sie als Kind stets kritisiert und fast nie gelobt wurden, wenn man Ihnen immer das Gefühl gab, dass Sie besser sein oder mehr leisten müssten, dann kann sich das auf Ihr Selbstwertgefühl auswirken.

Suchen Sie das Gespräch mit Fachleuten und arbeiten Sie an diesem Problem. Es wird Ihnen als Persönlichkeit und Ihrer Partnerschaft gut tun. Wenn Sie einen Partner haben, der unbegründet sehr eifersüchtig ist, denken Sie darüber nach, ob es an mangelndem Selbstwertgefühl Ihres Partners liegen kann, und versuchen Sie dann, dieses Problem mit ihm/mit ihr gemeinsam zu lösen.

„Aber es gibt doch einen Grund!"

Wenn Sie wirklich einen konkreten Verdacht haben und nicht jemand sind, der übertrieben eifersüchtig ist, dann sollten Sie Ihre Frau oder Ihren Lebensgefährten auf Ihre Befürchtung ansprechen. Machen Sie dies mit Leichtigkeit und Gelassenheit: „Deine neue Kollegin ruft aber oft an – die wird sich doch nicht in dich verliebt haben? Verstehen könnte ich es ja, aber ich weiß ja, dass wir uns grenzenlos vertrauen können." – „Der neue Nachbar hilft dir ja ständig im Garten, dem ist sicher auch aufgefallen, was für eine tolle Frau du bist!" Jede Partnerschaft ist mal Anfechtungen von außen ausgesetzt. Wenn die Beziehung spannend und glücklich ist und sich beide Partner verstanden, geliebt und akzeptiert fühlen, sind die Versuche von Dritten aber aussichtslos. Das Beste, was Sie tun können, ist daher, ständig etwas für Ihr Glück als Paar zu tun.

Tabu

Egal, wie eifersüchtig Sie sind oder wie begründet Ihnen Ihr Verdacht scheint: Spionieren Sie nie, nie, nie dem liebsten Menschen in Ihrem Leben hinterher! Das ist entwürdigend und zerstört jedes Vertrauen zueinander. Ihr Mann ist doch kein Verbrecher und Ihre Frau keine Ladendiebin! Sprechen Sie offen miteinander, gehen Sie auf Ihren Partner zu, aber denken Sie nicht mal ans Spionieren oder gar an einen Privatdetektiv!

❤ 1.5 Endlich Wochenende!

Jeder entspannt anders

Nicht immer ist sich ein Paar darüber einig, wie man nach einer anstrengenden Arbeitswoche am besten relaxt und abschaltet. Der eine möchte auf dem Sofa liegen und lesen oder Musik hören, während der aktivere Teil unbedingt etwas unternehmen will.

Gegensätze ziehen sich an

Akzeptieren Sie, dass der liebste Mensch der Welt anders „tickt" als Sie. Vor allem in stressigen Zeiten braucht er zur Entspannung vielleicht Ruhe und Zurückgezogenheit, während Sie am besten abschalten können, wenn Sie sich mit Freunden treffen oder Ihrem Hobby nachgehen. Überfallen Sie Ihren Partner nicht gleich beim Frühstück mit einem detaillierten Zeitplan für die Unternehmungen der nächsten beiden Tage. Und umgekehrt: Streiken Sie nicht von vornherein, wenn Ihr Schatz Ihnen Vorschläge macht, wie man das Wochenende verbringen könnte.

Quality Time

Es ist kein Zeichen von fehlender Harmonie, wenn Sie nicht jede freie Minute miteinander verbringen. Wenn jeder das macht, wonach ihm zumute ist, freut man sich nachher umso mehr auf eine gemeinsame Unternehmung. Sie können wunderbar Ihre Joggingrunden im Wald drehen, während sich Ihr Liebster noch mal mit der Zeitung ins Bett verzieht. Dann sind Sie nachher beide zufrieden und freuen sich auf das Ausgehen am Abend.

Lassen Sie sich nicht vom weit verbreiteten Freizeitstress anstecken – denn es kann genauso viel Spaß machen, sich mal gemeinsam treiben zu lassen und die freie Zeit „einfach so" zu genießen. Häufig ergeben sich ja ganz spontane Unternehmungen – und das sind oft die schönsten.

Arbeit, Arbeit, Arbeit?

Manchmal ist es unumgänglich, dass Ihr Mann/Ihre Frau am Wochenende beruflich zu tun hat. Zeigen Sie dann Verständnis. Er/sie würde sicher auch die Zeit lieber mit Ihnen verbringen. Nehmen Sie ihm/ihr in diesem Fall die praktischen Pflichten ab, dann haben Sie beide nachher wirklich Zeit für einander.

❤ 1.6 Geh doch allein

Einladung verpflichtet?

Der Besuch einer Party steht an, und Sie haben nicht die geringste Lust hinzugehen. Weil Sie sich langweilen, wenn Ihr Liebster mit den dort versammelten Kollegen nur über den Job oder die Formel 1 quatscht, weil der Gastgeber und seine Frau nicht gerade zu Ihren besten Freunden zählen (aber zu denen Ihrer Süßen) oder weil Sie Smalltalk und gesellschaftliche Verpflichtungen prinzipiell nervtötend finden. Und außerdem wollten Sie sowieso an diesem Abend in aller Ruhe den spannenden Krimi im Fernsehen anschauen. Allerdings ist es nicht das erste Mal, dass Ihr Schatz allein auf ein Fest gehen muss, weil Sie sich ausgeklinkt haben.

Wundert es Sie, dass sich allmählich eine ungute Stimmung zwischen Ihnen beiden breit macht?

Sie sollten (u. a.) folgende Überlegungen anstellen:

💗 Langweilen Sie sich eigentlich immer, wenn Sie mit dem Freundeskreis und/oder den Arbeitskollegen Ihres Herzblatts zusammentreffen? Und wenn ja – liegt das wirklich nur an denen, oder geben Sie sich einfach zu wenig Mühe, mit dem einen oder anderen warm zu werden? Gemeinsame Freunde und Bekannte sind in einer Beziehung genauso wichtig wie gemeinsame Interessen!

💗 Vielleicht ist Ihr/e Liebste/r ja selbst nicht so erpicht auf dieses Fest, will aber die Einladung nicht absagen, um den gastgebenden Kollegen oder die einladende Freundin nicht zu enttäuschen. Wäre es nicht ein echter Liebesbeweis, trotzdem mit ihm/ihr hinzugehen und miteinander das Beste aus dem Abend zu machen?

💗 Einen Fernsehkrimi kann man aufzeichnen und später anschauen. Ist Ihr Schatz nicht zu Recht beleidigt, wenn Sie ihm einen Abend auf der Couch vorziehen? Oder gehen Sie tatsächlich so oft miteinander aus, dass es auf einen gemeinsamen Abend mehr oder weniger nicht ankommt?

💗 Gelegentlich eine Party ohne den Partner zu besuchen, wird keine Liebe auf die Probe stellen. Aber wenn es zur Gewohnheit wird, dass Sie den liebsten Menschen der Welt allein losschicken, sollte es Sie nicht wundern, wenn er eines Tages jemanden findet, der nicht so ein Stubenhocker ist wie Sie, sondern genauso gerne plaudert, feiert und tanzt wie Ihr Herzblatt selbst.

Egal, ob Sie im Einzelfall entscheiden, Ihre/n Liebsten zu begleiten oder nicht, eines sollte selbstverständlich sein: dass Sie gegebenenfalls persönlich beim Gastgeber oder der Gastgeberin absagen – und nicht etwa von Ihrem Schatz erwarten, dass er sich für Sie eine Ausrede einfallen lässt.

❤ 1.7 Schauen Sie nicht in die Röhre!

Attraktive Alternativen

Fernsehen ist nicht eben kommunikativ. Wer neben seinem Partner eine Serie oder einen Film verfolgt, erfährt nichts über den anderen, über dessen Tag oder über dessen Sorgen. Hinzu kommt: So wie die bewegten Bilder ziehen solche Abende oft sang- und klang- und belanglos an einem vorbei. Das ist besonders schade an Wochenenden, wenn man Zeit und Muße hat, andere Aktivitäten vorzubereiten. Auch bringen Unternehmungen, bei denen man selbst aktiver sein muss, weit größere Erholung und vermitteln das Gefühl, dass die Freizeit länger gedauert hat, weil man diese Zeit bewusster genießt.

Den anderen begeistern

„Lass uns lieber etwas tun, als nur anderen dabei zuzusehen": Machen Sie es Ihrem Partner schmackhaft, ein Kontrast-Programm zum alltäglichen Fernsehen zu entwickeln. Sie könnten endlich einmal die alten Urlaubsbilder sortieren. Dabei gerät man dank guter Erinnerungen oft ins Schwärmen und macht neue Pläne. Oder ein Spieleabend mit Freunden, bei dem man sich zuvor über neue, einem noch unbekannte Spiele auf dem Markt informiert. Oder gemeinsam kochen - das muss nichts Aufwändiges sein. Falls nur einer kocht, setzt sich der andere mit einem Glas Wein dazu. Der Vorteil: Ein Gespräch entwickelt sich so fast automatisch.

2. Eltern sein – Paar bleiben

❤ 2.1 Meine Kinder, deine Kinder, unsere Kindere

Patchwork simplified!

Wenn einer oder beide Partner Kinder mit in die Beziehung bringen, treten häufig Belastungen auf, die sowohl in der Phase der ersten Verliebtheit als auch im darauf folgenden Alltag bewältigt werden wollen.

Fangen Sie langsam an

Stehen Sie noch ganz am Anfang Ihrer Beziehung, sollten Sie Ihre neue Liebe und Ihre Kinder nur ab und zu und für kurze Zeit zusammenbringen. Denn immerhin ist noch unklar, wie sich die Liebe entwickeln wird. Ihre Kinder sollten sich nicht an Ihren neuen Partner gewöhnen und dann schon bald wieder Abschied nehmen müssen. Aber auch für Ihre neue Liebe ist es leichter, erst mal zu Ihnen zu finden und dann so nach und nach Ihre Kinder kennen zu lernen. Gerade wenn nur Sie Kinder mit in die Partnerschaft bringen, sollten Sie Ihrer neuen Freundin/Ihrem neuen Freund Zeit geben, sich an ein Leben mit Kindern zu gewöhnen.

Wenn Sie selbst keine Kinder haben

Auch wenn Sie es nicht fassen können, dass die Kleinen am Sonntagmorgen zu Ihnen beiden ins Bett kommen oder aber die Teenager am Samstag um Mitternacht irgendwo abgeholt werden müssen: Betrachten Sie die Kinder Ihrer Freundin/Ihres Partners als Bereicherung, die Ihnen die Augen für Aspekte des Lebens öffnen, die Ihnen sonst verschlossen geblieben wären.

Bringen Sie Ihre große Liebe nicht in die schlimme Situation, stets zwischen Ihnen und den Kindern vermitteln und abwägen zu müssen. Gehen Sie geduldig und offen auf die Kinder zu und denken Sie immer dran: Diese sind ein wesentlicher Baustein im Leben des wundervollsten Menschen der Welt!

Organisieren Sie sich

Wenn Sie sich dann für ein Leben zu zweit mit all Ihren Kindern entschieden haben, ist es wichtig, dass Sie gut organisiert den Alltag strukturieren, sodass für Sie als Paar noch genug Zeit bleibt, Ihre Liebe zu pflegen.

Für Patchwork-Eltern ist es oft besonders schwer, auch noch Zeit für sich als Paar zu finden. Dazu einige Ideen:

💗 Legen Sie die Wochenenden, an denen Ihre Kinder bei Ihnen sind, so fest, dass jeweils alle Kinder, die aus Ihren vorherigen Beziehungen stammen, gleichzeitig bei ihrem anderen Elternteil sind. So haben die Kinder die Bestätigung, dass sie nichts versäumen, und Sie selbst haben mal sturmfrei für sich als Liebespaar.

💗 Haben Sie außerdem gemeinsame Kinder, könnten diese an dem Wochenende ja auch mal bei Oma und Opa sein – oder?

💗 Auch wenn einer von Ihnen der Brötchenverdiener ist und der andere den Haushalt verantwortet, ist jeder für seine Kinder verantwortlich, d. h. dass die leiblichen Elternteile alle Termine mit den Lehrern, Pflichten bei Schulfesten und in Sport-, Musik- und allen anderen Vereinen, denen die Sprösslinge angehören, wahrnehmen.

💗 Auch wenn das Leben ohnehin schon teuer genug ist: Schaffen Sie ein festes Budget für Zugeh-, Bügel- und Kinderfrauen. Dies gibt Ihnen größere Freiheiten als Paar, und Sie können wie ein jugendliches Liebespaar miteinander turteln, sich Geschichten aus Ihrem Leben erzählen und einfach unbeschwert miteinander umgehen. Dies schafft eine Basis, die Ihre Liebesgeschichte durch viele Jahre und wechselvolle Zeiten tragen wird!

❤ 2.2 Das Kind im Manne

Eine neue Welt

Dass Geschwister um die Aufmerksamkeit der Eltern streiten, ist Alltag im Familienleben. Aber sehr oft kommt es tatsächlich auch vor, dass einer der erwachsenen Partner eifersüchtig auf den eigenen Nachwuchs ist. Aus der Sicht eines jungen Vaters ist es ja auch verständlich, dass er sich vernachlässigt fühlt, wenn er, dem bisher die gesamte Zuneigung, Fürsorge und Zärtlichkeit der Liebsten gehört hat, diese plötzlich mit einem kleinen Schreihals teilen muss. Und die frischgebackene Mutter hat zu Beginn dieser „neuen Beziehung" manchmal eben nur Augen für das süßeste Baby der Welt.

Versuchen Sie, die Situation immer aus beiden Perspektiven zu betrachten:

Für den Papa

Ein Neugeborenes braucht naturgemäß sehr viel Zuwendung, denn es ist ohne die Eltern absolut hilflos. Und dass Ihr Schatz beim ersten Baby alles besonders gut und richtig machen will, verstehen Sie sicher auch. Ziehen Sie sich also nicht in die Rolle des unerwünschten Dritten zurück. Je mehr Sie sich einmischen und mitmachen, desto schneller wird Ihnen Ihr kleiner Liebling ans Herz wachsen. Und Ihre Liebste freut sich besonders in den ersten Wochen über jede Hilfe. Und: Je entspannter und ausgeruhter sie ist, desto mehr Zeit und Liebe hat sie für Sie übrig.

Für die Mama

Sicher sind Sie direkt nach der Geburt und auch in den ersten Wochen mit Ihrem Baby manchmal unsicher, meistens sehr beansprucht und fast immer todmüde. Trotzdem sollten Sie hin und wieder auch Ihren großen Liebling mal wieder richtig verwöhnen und ihm Ihre volle Aufmerksamkeit schenken. Wichtig ist auch, dass Sie den Vater von Anfang an in die Pflege und Versorgung einbeziehen, auch wenn er im Umgang mit dem Winzling manches anders macht, als Sie das gerne hätten. Denn andernfalls bekommt Ihr Liebster zu Recht das Gefühl, aus dieser neuen, intensiven Beziehung ausgeschlossen zu sein.

Und vergessen Sie nicht: Die Liebe ist das einzige Gut, das sich vermehrt, wenn man es verschwendet!

❤ 2.3 Was den Kleinen gefällt, tut auch den Großen gut

Vater, Mutter – Mann, Frau

Gute Paare, das haben Psychologen herausgefunden, sind meist die besseren Eltern, weil sie harmonieren, sich gegenseitig achten, miteinander im Dialog stehen und auch in der Erziehung „am gleichen Strang ziehen". Diese Erkenntnis lässt aber auch einen Umkehrschluss zu: Viele Regeln und Prinzipien Ihres Erziehungsstils lassen sich wunderbar auf die Partnerschaft übertragen – und dann sind tolle Eltern auch tolle Paare. Probieren Sie es aus!

💗 Zärtlichkeit
Küssen und umarmen Sie Ihren großen Schatz genauso oft wie Ihren kleinen? Kuscheln Sie mit Ihrem Partner so innig wie mit den Kindern?

💗 Zuhören
Haben Sie für die Sorgen und Nöte Ihres Partners immer ein offenes Ohr und nehmen Sie sich Zeit, ihm zuzuhören?

💗 Anerkennung
Das Selbstbewusstsein der Kinder stärken wir mit viel Lob und Anerkennung. Wie oft sagen Sie dem liebsten Menschen der Welt, wie gut er seine Sache macht, egal ob beruflich oder im privaten Bereich?

💗 Unterstützung
Helfen Sie auch Ihrem Mann/Ihrer Frau ungefragt und ohne große Worte, wenn Sie sehen, dass er/sie Ihre Hilfe braucht?

💗 Aufmerksamkeit
Sind Abschieds- und Gutenachtkuss für die/den Liebste/n genauso selbstverständlich wie für das Nesthäkchen?

💗 Toleranz
Können Sie auch bei Ihrem Partner mal großzügig über schlechte Laune oder kleine Fehler hinwegsehen?

💗 Verwöhnen
Beim Nachwuchs tut man es nur allzu gerne – hat es nicht auch Ihr Schatz verdient, gelegentlich auf Händen getragen zu werden?

Sicher können Sie die Liste selbst noch beliebig verlängern. Versuchen Sie doch einfach, einiges davon umzusetzen.
Für ein glückliches und zufriedenes Paar ist es viel leichter, die ganz normalen und unvermeidlichen familiären Turbulenzen zu überstehen. Und Ihre Kinder finden es sowieso klasse, wenn sie spüren, dass Mama und Papa ein unschlagbares Team sind.

♥ 2.4 Regelmäßig Zeit zu zweit

Gemeinam allein

Besonders beim ersten Baby fällt vielen Müttern das Loslassen schwer, und es passiert nur allzu leicht, dass die jungen Eltern kaum noch Zeit für gemeinsame Unternehmungen als Paar finden. Für Ihr Liebesleben ist dies aber jetzt besonders wichtig, und Sie sollten sich von Anfang an darum bemühen, regelmäßig ein paar Stunden pro Woche nur für sich und Ihren Partner einzuplanen.

Der richtige Babysitter

Machen Sie sich also rechtzeitig auf die Suche nach einem geeigneten Babysitter. Je früher Sie Ihr Küken an eine andere Vertrauensperson gewöhnen, desto problemloser wird dies funktionieren. Versuchen Sie, eine Betreuung für Ihr Baby zu finden, von der Sie im Voraus wissen, dass sie Ihnen lange Zeit zur Verfügung stehen wird. Sonst müssen Sie unter Umständen bald wieder mit der Suche beginnen, und Ihr Kind muss sich immer wieder an einen neuen Menschen gewöhnen. Geeignet sind also z. B. Student(inn)en in den ersten Semestern, Ersatzgroßeltern aus der Nachbarschaft oder eine langjährige Freundin, die selbst keine Kinder hat, sich aber gerne regelmäßig mit Ihrem Nachwuchs beschäftigt. Beginnen Sie mit einer Eingewöhnungsphase, während der Ihr Babysitter mehrmals die „Gute-Nacht-Zeremonie" miterlebt, mit der Sie Ihren kleinen Liebling ins Bett bringen – dann haben's die beiden nachher viel leichter miteinander.

Feste Termine

Egal ob sich Oma oder Opa oder Schülerin oder Student um ihr Kind kümmert – Sie dürfen und sollten von vornherein feste, regelmäßige Tage für das Babysitting vereinbaren. Das ist nämlich für alle Beteiligten von Vorteil: Babys lieben Regelmäßigkeit, die Großeltern z. B. können sich mit ihren eigenen Plänen darauf einstellen und Ihnen hilft der „sanfte Druck" des fest vereinbarten Termins, sich wirklich und ohne schlechtes Gewissen Zeit zu zweit zu nehmen. Freuen Sie sich uneingeschränkt auf die freien Abende, an denen Sie sich ganz entspannt nur Ihrem Mann und Ihren gemeinsamen Interessen widmen. Denn die Liebe zwischen Ihnen beiden ist die beste Grundlage für ein glückliches und erfülltes Elterndasein – und das kommt Ihrem Baby dauerhaft zugute!

Urlaube so planen, dass Sie auch Zeit zu zweit haben

Für Paare mit Kindern ist die Ferienplanung eine besondere Herausforderung – denn viele Wünsche und Bedürfnisse sind unter einen Hut zu bringen. Natürlich gibt es mittlerweile viele Hotels oder Ferienclubs mit Kinderbetreuung. Aber das ist nicht jedermanns Sache. Viele Familien wohnen lieber in einem individuellen Ferienhaus oder genießen die Ungezwungenheit eines Campingurlaubs. Das heißt aber auch, dass die Sprösslinge nicht mehrere Stunden am Tag im Miniclub beschäftigt sind, sondern dass die Erwachsenen für das „Tagesprogramm" sorgen müssen.

Was also tun, damit man und ab und zu ein paar ruhige Stunden ohne Kinder miteinander verbringen kann? Wie schafft man es, auch als Paar im Urlaub auf seine Kosten zu kommen, ohne nölenden Nachwuchs die

Kirche im Nachbarort zu besichtigen oder seinen Cappuccino in Ruhe zu genießen, ohne gleichzeitig Schokoladeneis von Kinderhänden abwischen und „Ich sehe was, was Du nicht siehst" spielen zu müssen?

Am besten gelingt Ihnen das, wenn Sie nicht nur mit Ihrer Familie verreisen. Vielleicht haben Sie Freunde, deren Kinder ungefähr so alt sind wie Ihre? Man muss dabei nicht unbedingt ein gemeinsames Domizil beziehen. Es gibt wunderschöne Ferienanlagen, in denen jede Familie ein eigenes Häuschen oder Apartment mieten kann – dann hat jeder seinen Freiraum, aber man kann sich trotzdem problemlos bei der Kinderbetreuung abwechseln. Während die Freunde mit allen Kindern den Tag am Strand verbringen, können Sie als Paar einen ausgedehnten Ausflug machen. Und an einem der nächsten Tage wird getauscht. Natürlich kann man sich auch abends mit der Betreuung abwechseln, sodass einem romantischen Candlelight-Dinner nichts im Wege steht.

Oma und Opa freuen sich bestimmt, wenn sie mal zu einem gemeinsamen Urlaub mit Kindern und Enkelkindern aufgefordert werden – besonders wenn diese weit weg leben und man sich selten sieht. Das fördert den Familienzusammenhalt und hat den Vorteil, dass Sie als Paar viel mehr Zeit füreinander haben. Wenn Ihnen Bedenken wegen des ungewohnt nahen Zusammenlebens mit den Eltern bzw. Schwiegereltern kommen, überlegen Sie doch gemeinsam, ob die Großeltern nicht in einem netten Hotel in der Nähe Ihrer Unterkunft wohnen können – vielleicht ist ihnen dies sogar selbst lieber. Statt Oma und Opa können Sie natürlich auch die Paten der Kinder oder andere nahe stehende Personen einladen.

❤ 2.5 Aus Kindern werden Leute

Das Nest wird leer

Soziologen nennen es "empty nest syndrome" (also: Leeres-Nest-Syndrom): die Leere, die viele Eltern empfinden, wenn die erwachsenen Kinder ausziehen. Während man früher damit das Bild einer traurigen Mutter verband, die plötzlich allein zu Hause ist, ist mittlerweile klar: Väter empfinden diese Leere genauso, häufig sogar stärker. Denn, so hat die Psychologin Christiane Papastefanou herausgefunden, "die Frauen fühlen sich entlastet und empfinden Freude, dass diese Phase abgeschlossen ist". Während viele Frauen mit großer Energie den neuen Lebensabschnitt angehen und die Dinge nachholen, die ihnen in der Zeit der Kindererziehung nicht möglich waren, trifft viele Väter der Auszug der Kinder in einer ohnehin kritischen Phase: Der berufliche Zenit ist erreicht, endlich wäre mehr Zeit für die Familie da – aber die Kinder sind außer Haus. Zeiten solcher Veränderungen sind für die Partnerschaft sehr kritisch, vor allem, wenn die Veränderung unterschiedlich wahrgenommen wird. Nicht von ungefähr steigen die Scheidungszahlen um die Zeit der Silberhochzeit herum wieder an.

Bereiten Sie sich vor

In der Zeit der großen Elternverantwortung sind Sie als Paar vielleicht zu kurz gekommen. Vielleicht steht aber Ihre Beziehung schon länger auf einem etwas wackeligen Fundament, und die Leere, die zwischen Ihnen langsam entstanden ist, wurde durch die Anwesenheit der und die gemeinsame Sorge für die Kinder nur übertüncht? Wie auch immer – bereiten Sie sich auf den Auszug der Kinder lange vor. Stellen Sie sich – jeder für sich und dann im gemeinsamen Gespräch – die folgenden Fragen:

- Was wird sich ändern, wenn wir wieder ganz für uns leben und uns mehr auf unsere Partnerschaft konzentrieren können?
- Welche lange gehegten Träume wollen wir verwirklichen, wenn die Kinder außer Haus sind?
- Wie wird sich unser Alltag verändern?
- Was werden wir vermissen?
- Was werden wir an der Veränderung genießen?
- Welche Bereiche in unserer Partnerschaft sind verbesserungswürdig, und wie wollen wir daran arbeiten?
- Ist die Angst vor der Veränderung so groß, dass wir professionelle Hilfe und Beratung in Anspruch nehmen wollen?

Dies alles sind wichtige Fragen, die sich nicht an einem Nachmittag klären und besprechen lassen. Beginnen Sie daher mit Ihren Überlegungen und Gesprächen schon lange vor dem Auszug der Kinder und verschließen Sie vor der kommenden Veränderung nicht die Augen. Gehen Sie sie aktiv und mit Lebensfreude an, nehmen Sie sich gemeinsame Projekte vor und verändern Sie vielleicht auch das ein oder andere in Ihrem Haus oder Ihrer Wohnung, wenn es soweit ist. Dann werden auch Sie zu den Paaren gehören, die diesen Lebensabschnitt bewusst genießen und sich noch enger verbunden fühlen.

Feste feiern

In vielen Familien ist es üblich, alle Geburtstage und Weihnachtsfeiertage gemeinsam zu verbringen. Dies ist schön – solange auch Sie als Elternpaar dies genießen. Doch immer häufiger sind diese Veranstaltungen für alle Beteiligten nur eine lästige Pflicht.

Klar, Sie lieben Ihre Kinder und Enkel – aber der Trubel an Weihnachten ist Ihnen einfach zu viel. Lieber möchten Sie mit Ihrem Mann oder Ihrer Frau die Feiertage in stiller Zweisamkeit genießen oder auf einer Kreuzfahrt entspannen. Und vor allem endlich nach vielen Jahren der Erziehungsarbeit mal nur zu zweit sein. Sagen Sie Ihren Kindern das ruhig und ohne schlechtes Gewissen. Rechtzeitig vor Weihnachten oder vor dem nächsten Geburtstag können Sie ganz einfach ankündigen: „Nur, dass ihr planen könnt: Euer Vater und ich gehen dieses Jahr an Weihnachten auf Reisen." Oder: „Meinen 60. Geburtstag möchte ich ganz verliebt mit meiner Frau alleine in den Bergen verbringen." Sicher werden Ihre Kinder zunächst erstaunt sein, nehmen diese doch Ihre Eltern nicht in erster Linie als Liebespaar wahr. Aber dann werden Sie Ihre Entscheidung sicher verstehen und sich freuen, dass „Mama und Papa" immer noch so verliebt sind.

❤ 2.6 Erfolgreich erziehen heißt gemeinsam erziehen

Liebevolle Konsequenz

Bei der Kindererziehung scheiden sich nicht nur die Geister, sondern auch jedes Individuum reagiert überraschend: Aufgeschlossene, junge Frauen erziehen Mädchen zu weltfremden Prinzessinnen, und absolut moderne Männer machen aus Jungs gefühlskalte Indianer – ohne jede Vorwarnung und ohne dass dies dem gemeinsamen Wertebild des Elternpaars entspräche. Dies gilt auch für den Fall, in dem konservative Mütter ihre Töchter zu Rebellinnen und ihre Söhne zu Softies heranziehen. Wenn Sie gemeinsam Kinder erziehen, sollten Sie an einem Strang ziehen, denn nur mit liebevoller Konsequenz kann die Erziehung erfolgreich sein.

Die Basis

Machen Sie sich als Eltern gemeinsam, aber auch jeder für sich bewusst, woher Sie kommen. Wenn Sie wissen, dass Ihre Frau Ihre Kinder in den Himmel hebt, weil sie selbst als kleines Mädchen immer nur kritisiert wurde, werden Sie dies leichter akzeptieren können. Finden Sie heraus, warum Ihr Mann der Überzeugung ist, dass eine gewisse (in Ihren Augen übertriebene) Härte nicht schadet – dann können Sie ihn nicht nur besser verstehen, sondern auch Ihren Kindern gegenüber besser darauf reagieren. Definieren Sie die Werte, die Sie Ihren Kindern vermitteln und vorleben wollen – so haben Sie bei Einzelentscheidungen eine gemeinsame Basis, an der Sie sich orientieren können.

Die private Elternkonferenz

Wenn Ihre Erziehungsstile sehr unterschiedlich sind, sollten Sie das gemeinsame Gespräch unter Ausschluss der Kinder suchen. Kinder sehen ihre Eltern als bedingungslose Vorbilder und Idole. Wenn sie merken, dass diese sich uneinig sind, werden sie zutiefst verunsichert. Daher sollten Sie einige Grundregeln Ihrer gemeinsamen Erziehung definieren, vielleicht sogar schriftlich fixieren und dann auch zusammen konsequent umsetzen. Je weiter Ihre Erziehungsstile auseinander liegen, desto detailreicher muss diese Vereinbarung sein!

❤ 2.7 Kommunikation für Eltern

Eigene Sprach-Rituale

Jedes Paar hat in der Zeit, als es noch zu zweit war, bestimmte Rituale und Neckereien entwickelt, die sich nicht einmal außen stehenden Erwachsenen erschließen, geschweige denn Kindern – und daher zu Missverständnissen führen können. Auch die unvermeidlichen alltäglichen Streitereien oder das Austragen ernsthafterer Konflikte können die Kinder irritieren oder gar verängstigen. Selbst normale Problembewältigung kann da leicht bedrohlich wirken. Eine schlechte Variante wäre es, aus diesen Gründen die Kommunikation einzuschränken oder über bestimmte Themen überhaupt nicht mehr zu sprechen.

Tuscheln gilt nicht

Jeder, der schon einmal versucht hat, in Gegenwart seiner Kinder besonders leise über etwas zu sprechen oder gar zu tuscheln, weiß: Das funktioniert nicht. Der Flüsterton erregt das Interesse von Kindern noch viel stärker. Viele Paare wenden daher einen Trick an. Sie nutzen bei Themen, die sie lieber unter sich behandeln möchten, aber auch bei verbalen Liebkosungen einfach eine Fremdsprache. Pluspunkt: Besonders bei Konflikten versachlicht das Unterhalten in englischer oder französischer Sprache den Dialog oft. Man sagt in einer Fremdsprache nicht so schnell Dinge, die einem später Leid tun – einfach, weil man vorher zumeist etwas länger überlegen muss.

3. Lass uns miteinander reden

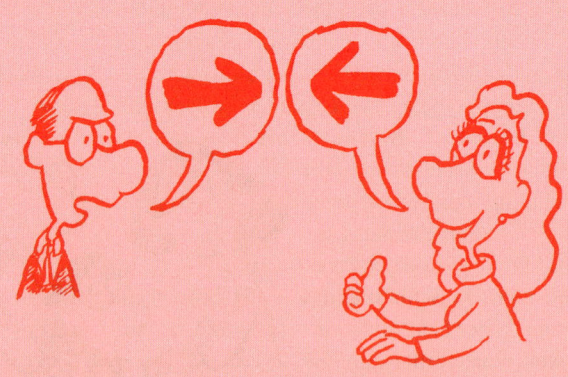

❤ 3.1 Streitregeln in guten Zeiten vereinbaren

Vorbeugen ist besser als streiten

Niemand mag Diskussionen und Auseinandersetzungen in der Partnerschaft. Aber sie gehören einfach dazu, denn selbst das harmonischste Paar besteht aus zwei Individuen, die nicht immer derselben Meinung sein können.

Seien Sie also nicht genervt oder beleidigt, wenn Ihr Partner Ihnen deutlich zu verstehen gibt, dass Ihre Ansicht zu einem Thema oder Ihr Verhalten in bestimmten Situationen ihn ärgert oder sogar kränkt. Damit aber nicht jede Meinungsverschiedenheit zu einem großen Streit ausartet, sollten Sie „in guten Zeiten", also wenn zwischen Ihnen alles stimmt, gewisse Regeln vereinbaren, die Ihnen bei der nächsten Unstimmigkeit helfen, sich konstruktiv auseinanderzusetzen und ein für beide Seiten befriedigendes Ergebnis zu erzielen.

Zur rechten Zeit, aber rechtzeitig

Viele Diskussionen eskalieren, weil der Zeitpunkt dafür falsch gewählt ist. Wer gestresst von der Arbeit kommt und gleich mit einem Vorwurf empfangen wird, geht entweder sofort an die Decke oder lehnt jede weitere Äußerung ab und zieht sich zurück. Besser also nur andeuten, dass etwas nicht stimmt, und um ein Gespräch zu einem späteren Zeitpunkt bitten. Dass Gesprächsbedarf besteht, sollten Sie allerdings so bald wie möglich zu erkennen geben, denn sonst wird sich bei Ihnen vielleicht immer mehr Unmut anstauen, von dem Ihr Partner/Ihre Partnerin nichts ahnt.

Nicht grollend auseinander gehen

Bemühen Sie sich, jede Auseinandersetzung mit einem konkreten Ergebnis abzuschließen. Man kann sich auch versöhnen (oder zumindest einen Waffenstillstand vereinbaren), wenn der strittige Punkt beim ersten Gespräch noch nicht vollends geklärt werden konnte. Dann muss man sich das Thema eben später noch einmal vornehmen. Oft wirkt es sich ja schon entspannend auf die Situation aus, Gesprächsbereitschaft zu zeigen.

Wenn Sie zu Bett gehen oder sich am Morgen verabschieden, sollte bei keinem von beiden ein schlechtes Gefühl zurückbleiben, denn das Leben ist wirklich viel zu kostbar, um es sich mit negativen Emotionen, schlaflosen Nächten und unglücklichen Tagen zu verderben.

Unterschiede akzeptieren

Nicht jeder Mensch löst Probleme auf dieselbe Art und Weise. Manche setzen sich stärker mit Gefühlen, andere mehr mit Tatsachen auseinander.

Gleichgültig, zu welchem Typ Sie gehören: Versuchen Sie, sich auf Ihre Frau/Ihren Partner einzustellen, und kommen Sie ihr/ihm entgegen. Wenn Sie zu den „Vielrednern" gehören, dann üben Sie mal, mit etwas weniger Worten auszukommen, damit Ihr Gegenüber sich nicht überfahren fühlt. Und wenn Sie eigentlich überhaupt nicht gerne diskutieren, probieren Sie trotzdem bei Gelegenheit, sich auf das einzulassen, was Sie hören, und geben Sie sich Mühe, sich wirklich in den liebsten Menschen der Welt hineinzuversetzen und ihn zu verstehen.

❤ 3.2 Redezeit

Wissen Sie Bescheid?

Vielleicht sind Sie beide berufstätig, Sie kümmern sich um Kinder oder alte Eltern, üben ein Ehrenamt aus, gehen jede Woche zum Sport und haben einfach immer viel um die Ohren. Und plötzlich fällt Ihnen auf: „Wir reden nur noch über Organisatorisches – wir haben höchstens zwei Minuten am Tag, um uns auszutauschen ..." Dies passiert auch in den besten Beziehungen - nur ist es jetzt an der Zeit, schnell etwas zu ändern. Denn Sie möchten doch nicht schon bald sagen müssen: „Keine Ahnung, was meine Frau gerade umtreibt" oder „Ich weiß nicht, was meinen Partner gerade am meisten beschäftigt."

Schaffen Sie sich feste Zeitinseln für Gespräche

Vereinbaren Sie beide feste Gesprächstermine jede Woche, aber auch jeden Tag. Dies können zehn Minuten am Abend sein, bevor das Abendessen zubereitet wird oder nachdem die Kinder ins Bett gebracht wurden – auch wenn die Wäsche wartet oder noch eine Präsentation vorzubereiten ist. Diese zehn Minuten sollten Sie sich als Paar gönnen, Ihre wichtigsten Erlebnisse des Tages schildern und Ihre momentanen Befindlichkeiten austauschen.

Denn eines ist bekannt: Glückliche Paare unterscheiden sich von weniger glücklichen dadurch, dass sie mehr miteinander reden.

Festland statt Insel

Planen Sie regelmäßig auch eine längere Zeitinsel in Ihr gemeinsames Leben ein. Legen Sie einen bestimmten Tag fest, an dem Sie mindesten eine Stunde miteinander nur über sich reden. Ob einmal pro Woche, alle zwei Wochen oder einmal im Monat – die Häufigkeit ist dabei weniger Ausschlag gebend als die Regelmäßigkeit, mit der Sie sich ganz aufeinander einlassen, dem anderen zuhören und sich selbst mitteilen.

Versuchen Sie, diesen Termin mit einer angenehmen Tätigkeit zu verbinden, z. B. einem Restaurantbesuch oder einem ausgiebigen Spaziergang. Dann werden Sie es umso mehr genießen. Aber auch die gemeinsame Fahrt zum Arbeitsplatz kann regelmäßig genutzt werden, um den liebsten Menschen der Welt zu fragen, wie es ihm geht, was ihn bewegt, was ihn freut und was ihn belastet – und ihm dasselbe auch von sich mitzuteilen.

 Tipp

Tragen Sie den vereinbarten Termin in Ihren Terminkalender ein, auch wenn Ihnen das zunächst merkwürdig erscheint. Auf jeden Fall vergessen Sie ihn dann nicht – und es macht deutlich, dass Ihnen Ihr Privatleben genauso wichtig ist wie geschäftliche Verabredungen.

Große Themen am Wochenende oder beim Abwasch

Wenn Sie über grundsätzliche Dinge sprechen möchten, dann sollten Sie dafür mindestens eine halbe Stunde oder Stunde einplanen. Dies wird am ehesten am Wochenende möglich sein. Sie finden keinen Termin? Dann planen Sie die gemeinsame Hausarbeit als Gesprächszeit ein. Viele gute Gespräche werden beim Abwasch geführt. Auch ein Spaziergang oder eine gemütliche Fahrradtour über Feldwege eignet sich für ein ausführliches Gespräch. Für Ihre wichtigsten Kunden finden Sie immer Zeit, da sollte der wichtigste Mensch in Ihrem Leben nicht hintanstehen müssen!

Verbannen Sie Orga-Kleinkram aus Ihren Gesprächen

„Gehst du zur Reinigung? Soll ich den Handwerker anrufen?" Solche Fragen gehören nicht in Ihre Gesprächszeiten. Dies lässt sich mit einer kurzen SMS oder einer Blitz-E-Mail untertags klären und muss Ihre wenige gemeinsame Freizeit nicht belasten.

❤ 3.3 Auch Reden will gelernt sein

Übung macht den Meister

Bei manchen Paaren ist das Kommunikationsverhalten von Anfang an sehr unterschiedlich – wenn es beispielsweise einem von beiden schwer fällt, über seine Gefühle zu sprechen. In anderen Beziehungen geht die Fähigkeit, gute Gespräche zu führen und sich regelmäßig miteinander auszutauschen, im Lauf der Jahre allmählich verloren, ohne dass es den Partnern bewusst wird.

Egal, woran es hapert: Sie können es (wieder) lernen, miteinander zu sprechen. Das geht nicht ganz von selbst, aber Sie können es üben. Und wenn Sie sich beide eine Zeit lang an Ihre Vorsätze halten, werden Ihnen die Worte nach einiger Zeit wieder viel leichter über die Lippen gehen.

❤ Nehmen Sie sich vor, mindestens zehn bis 15 Minuten pro Tag bewusst miteinander zu sprechen, und zwar nicht nur, um die notwendigen Alltagsdinge zu klären. Erklären Sie Ihrem/r Liebsten, was Sie sich vorgenommen haben, und überlegen Sie gemeinsam, wann dazu der beste Augenblick ist: am Morgen, bevor Sie beide das Haus verlassen müssen, abends nach dem Abendessen oder auch in der Mittagspause per Telefon.

💜 Erzählen Sie, was Sie heute machen werden oder gemacht haben, was Sie Schönes oder Unangenehmes erlebt haben, was gut und was nicht so gut geklappt hat. Wenn Ihr/e Liebste nicht von selbst loslegt, auch über seinen/ihren Tag zu sprechen, dann stellen Sie ihm ein paar gezielte Fragen.

💜 Sagen Sie Ihrem Schatz, worüber Sie sich gefreut oder geärgert haben und ob es Ihnen gerade gut oder weniger gut geht – damit er/sie auch weiß, wie es in Ihrem Inneren aussieht. Und auch hier gilt: Wenn der liebste Mensch der Welt dann nicht auch von selbst auspackt, müssen Sie behutsam nachbohren.

💜 Sprechen Sie regelmäßig über Ihre Interessen, Ihre Hobbys, Ihre Pläne und Wünsche. Manchmal ändern sich die Vorlieben, oder es tauchen neue Träume oder Projekte auf. Und die sollte auch Ihr Partner kennen, damit Sie sich nicht unbemerkt und ohne Absicht auseinander entwickeln.

💜 Ein wichtiger und besonders schöner Vorsatz: Sagen Sie Ihrem/r Liebsten jeden Tag mindestens einmal etwas ganz Positives: was Sie an ihm mögen, was er besonders gut gemacht hat, wofür Sie ihn schätzen, auf welche gemeinsamen Unternehmungen Sie sich freuen, wie sehr Sie ihn/sie lieben – Ihnen fällt dazu sicher auch immer wieder etwas Neues ein.

❤ 3.4 Der Klügere gibt nach

Funkstille

Eine Diskussion wird zum Streit, die Fetzen fliegen, einer von beiden verlässt den Raum, die Tür knallt hinter ihm zu – und dann herrscht erst mal Funkstille. Beide fühlen sich im Recht, keiner will nachgeben, man ist gekränkt, verletzt, fühlt sich missverstanden. Jetzt ist es oft gar nicht so einfach, wieder miteinander ins Gespräch zu kommen. Denn es fällt manchmal sehr schwer nachzugeben und den ersten Schritt zu machen, z. B. um Verzeihung zu bitten oder das Streitthema noch einmal in Ruhe anzusprechen.

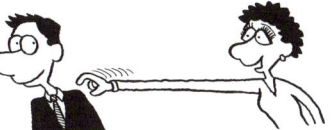

Nicht zu lange warten

Versuchen Sie trotzdem, möglichst bald wieder miteinander zu sprechen. Nicht sofort – aber nach einer gewissen Beruhigungs- und Bedenkzeit auf beiden Seiten sollten Sie wieder das Wort an Ihren Partner richten und versuchen, gemeinsam für das Problem, an dem sich der Streit entzündet hat, eine Lösung zu finden.

Wo liegt mein Anteil?

Nutzen Sie die Zeit, um noch mal nachzudenken und Ihre eigene Position zu überprüfen. Oft merkt man ja im Nachhinein, dass man selbst in der Hitze des Gefechts übers Ziel hinausgeschossen ist. Nehmen Sie das als Aufhänger, um Ihren Schatz zu einem neuen Gespräch zu bewegen.

Trotzköpfe haben's schwer

Wenn Sie wissen, dass Ihrem Partner das Nachgeben besonders schwer fällt, dann schreiben Sie ihm zunächst eine kleine Botschaft, in der Sie ihm mitteilen, dass Sie gerne wieder mit ihm sprechen möchten. Je nach „Sachlage" können Sie auch hier schon eine Entschuldigung anbringen oder einen Vorschlag machen, wo und wann Sie sich zusammensetzen könnten, um den Streit aus der Welt zu schaffen.

Aufgeschoben ist nicht aufgehoben

Oft enden solche „Schweigephasen" auch einfach, indem man zur Tagesordnung über- geht und irgendwann wieder über Alltäg- lichkeiten redet – das eigentliche Problem wird zunächst ignoriert. Bringen Sie es dennoch in den nächsten Tagen nochmals auf den Tisch und versu- chen Sie erneut, eine Einigung zu erzielen. Und notfalls auch noch ein zweites Mal.

❤ 3.5 Auch wenn mal was schief geht

Seien Sie ehrlich!

Manche Dinge müssen offen angesprochen werden, auch wenn es Überwindung kostet. Fehler und Missgeschicke lassen sich nicht verheimlichen, und es belastet Sie und Ihre Liebe, wenn Sie etwas Unausgesprochenes mit sich herumtragen. Dass Sie eine Beule ins Auto gefahren oder den Kaschmir-Schal verloren haben, den Ihr/e Liebste/r Ihnen zum Geburtstag geschenkt hat, wird er/sie sowieso irgendwann merken – also ist es besser, gleich mit der Wahrheit her- auszurücken und das Problem aus der Welt zu schaffen. Sicher ist der Mensch, mit dem Sie durchs Leben gehen, kein Unmensch, der wegen einer Ungeschicklichkeit oder Nachlässigkeit die Contenance verliert.

„Wenn sonst nichts passiert ist ..."

Wenn Sie derjenige sind, dem ein solches Malheur gebeichtet wird, dann versuchen Sie, großzügig zu sein. Schimpfen Sie nicht gleich los, denn Ihr Partner hat sowieso ein schlechtes Gewissen und braucht eher Verständnis und Trost als Vorwürfe und süffisante Bemerkungen à la: „Kannst du denn nicht besser aufpassen?!" Jeder macht Fehler, und auch Sie hoffen ja sicher auf Nachsicht, wenn bei Ihnen mal was schief geht. Finden Sie tröstende Sätze wie „In dieser Saison sind die Farben des Schals ohnehin nicht mehr topmodern. Ich finde, wir sollten dir morgen ein türkises Tuch kaufen gehen." Das Wichtigste ist doch, dass die offenen Gespräche und das Austauschen aller Neuigkeiten (ob gut oder schlecht) nicht aufhören.

❤ 3.6 Sag's schriftlich

Wenn ein Gespräch gerade nicht stattfinden kann

Nicht immer ist es möglich, ein Gespräch genau dann zu führen, wenn Ihnen danach zumute ist. Manchmal sind es Zeitgründe – Arbeitsalltag und familiäre Pflichten machen es gelegentlich schwierig, den nötigen Freiraum zu finden. Es kann aber auch sein, dass einer der beiden Partner die Diskussion über eine anstehende Frage als unnötig betrachtet oder ihr aus dem Weg geht.

Greifen Sie zur Feder

Wenn das passiert, dann müssen Sie das Gespräch verschieben. Aber Sie können trotzdem etwas tun, um für sich selbst das Beste aus der Situation zu machen: Schreiben Sie Ihre Gedanken und Gefühle einfach auf. Egal, ob ins Tagebuch, in Briefform oder als lockere Sammlung. Das hat gleich mehrere Vorteile:

💗 Sie vergessen nicht, was genau Ihnen auf dem Herzen liegt. Das verhindert, dass ungelöste Probleme zwar vorübergehend in Vergessenheit geraten, aber später zurückkehren und sich als angestaute Wut in einem Gewitter entladen.

💗 Sie können Ihre Gefühle abreagieren, ohne dass es zum Streit kommt. Manchmal sieht nach einer Weile alles ganz anders aus, und Sie können Ihr „Manuskript" in Ruhe überdenken und abändern.

💗 Beim Schreiben werden Sie sich Ihrer eigenen Gefühle viel stärker bewusst. Sie können Ihre Gedanken zu Ende führen, ohne durch Einwände oder Gegenargumente unterbrochen zu werden.

💗 Beim Schreiben wird es Ihnen leichter fallen, wichtige Kommunikationsregeln einzuhalten, als während einer hitzigen Diskussion. Sie können ganz bewusst Ihre eigenen Gefühle schildern, Ihre Wünsche äußern und gleichzeitig durch sorgfältiges Formulieren (oder nachträgliches Korrigieren) Verallgemeinerungen und Angriffe vermeiden.

Wenn es Ihnen zu lange dauert, bis es tatsächlich zu einem Gespräch kommt, dann lassen Sie Ihrem/r Liebsten Ihr Schriftstück zukommen: als Brief, als E-Mail oder als Geheimbotschaft unter dem Kopfkissen.

❤ 3.7 Auf Worte sollten Taten folgen

Reden allein reicht nicht

Angenommen, Sie haben es geschafft, ein Problem in Ihrer Beziehung durch ein konstruktives Gespräch mit Ihrem Partner zu lösen. Die Situation ist bereinigt, Sie konnten Ihren Standpunkt vermitteln und auch Verständnis für die Meinung Ihrer Frau oder Ihres Mannes aufbringen. Jetzt ist es wichtig, das Besprochene in die Tat umzusetzen, denn es ist für Ihrer beider Vertrauen in die Wirksamkeit guter und effektiver Gespräche von Bedeutung, dass positive Konsequenzen erkennbar sind und Sie das Besprochene auch anwenden. Es wird immer wieder Meinungsverschiedenheiten geben, aber Gesprächsbereitschaft kann nur aufrechterhalten werden, wenn beide Beteiligten erkennen, dass es nicht bei Worten bleibt, sondern auch Taten folgen.

Bleiben Sie also nach einer Diskussion besonders aufmerksam in Ihrem Verhalten. Machen Sie sich immer wieder bewusst, welche Klippen zum Streit führen und wie Sie diese umschiffen können. Wenn Ihre Frau das Gefühl hat, zu wenig Anerkennung für ihre Arbeit zu bekommen und sie das im Gespräch zum Ausdruck gebracht hat, dann hilft es wenig, wenn Sie ihr ein einziges Mal sagen: „Aber Schatz, du weißt doch, wie tüchtig ist dich finde." Bemühen Sie sich, dies immer wieder durch kleine Gesten und Bemerkungen zu bestätigen. Und wenn Ihr Mann Ihnen zu erkennen gibt, dass er eifersüchtig ist, weil Sie von Ihrem neuen Kollegen schwärmen, hilft es ihm wenig, wenn er von Ihnen einmal den Satz hört: „Ich liebe doch nur dich" – auch wenn das für Sie selbstverständlich ist. Verzichten Sie auf Erzählungen aus dem Büro und machen Sie ihm immer wieder klar, dass er wirklich „the one and only" ist.

Dieses Verhalten kann übrigens auch dann hilfreich sein, wenn ein Streitgespräch keine Lösung gebracht hat. Nicht immer findet man die richtigen Worte, nicht immer fällt es einem leicht, von der eigenen Meinung abzurücken, und nicht immer findet man einen Konsens; und vor allem in Zeiten besonderer Belastungen (Stress bei der Arbeit, Probleme mit dem Nachwuchs, Krankheit von Angehörigen) schlagen die Wellen der Gefühle manchmal so hoch, dass vorübergehend kein vernünftiges Gespräch möglich ist. Dann sollten Sie Ihrem/r Liebsten durch Ihr Verhalten zeigen, dass Sie „trotz allem" auf seiner Seite sind – durch besondere Aufmerksamkeit und Anerkennung, Verzicht auf alltägliche Reibereien und besonders liebevollen Umgang. Also Liebe – ohne Worte!

❤ 3.8 Asiatische Weisheit

Sieger und Verlierer?

Es gibt Konflikte in einer Partnerschaft, in denen einer von beiden eindeutig und offensichtlich im Recht ist und auch darauf besteht, dass die/der Liebste dies zugibt. Für den „Sieger" wäre die Situation bereinigt, wenn er Recht bekäme oder der Partner einen Fehler zugäbe. Leider funktioniert das in der Realität nicht so einfach. Im Gegenteil – der „Verlierer" fühlt sich bloßgestellt oder abgewertet, weil er offensichtlich im Unrecht war, und zieht sich beleidigt zurück. Möglicherweise gelingt es ihm auch beim besten Willen nicht, seinen Irrtum oder sein Fehlverhalten einzugestehen, weil ihn dies in seinem Stolz verletzt oder er befürchtet, dass der andere die Achtung vor ihm verliert. Stattdessen verschanzt er sich immer mehr in seiner Verteidigungshaltung, und der Streit eskaliert.

Spielen Sie ein Machtspiel?

Machen Sie sich in solchen Situationen bewusst, wie wichtig es Ihnen wirklich ist, dass Ihr Partner Ihnen – offen und direkt – Recht gibt. Oft sind es ja nur Machtkämpfe, deren Ursachen ganz woanders liegen. Oder es ist Ihre eigene Unsicherheit, die Sie zu Ihrer Hartnäckigkeit veranlasst.

Aber überlegen Sie einmal: Glauben Sie wirklich, dass Ihr Schatz Sie mehr liebt, wenn Sie sich als die/der Stärkere erweisen und er klein beigeben muss? Ist nicht eher das Gegenteil wahrscheinlich? Und wie fühlen Sie sich selbst, wenn Ihr Gegenüber Ihnen keine Ruhe lässt, bis Sie einen Fehler oder sogar eine Lüge eingestanden haben, nur damit er als Sieger aus einer Diskussion hervorgeht?

Stellen Sie den anderen nicht bloß

Halten Sie sich an eine der wichtigsten Umgangsregeln der Asiaten: Ermöglichen Sie Ihrem Partner auch bei heftigen Meinungsverschiedenheiten, sein Gesicht zu wahren. Bringen Sie ihn, auch wenn Sie noch so wütend sind, nicht in eine Lage, die ihn bloßstellt.

Und seien Sie hellhörig und feinfühlig: Denn oft sind es nicht die von Ihnen erwarteten oder geforderten Aussagen, sondern die Zwischentöne und kleinen Gesten, die erkennen lassen, dass Ihr/e Liebste/r sehr wohl weiß, wie die Sache liegt – auch wenn er es nicht in Worte fassen kann.

4. Zwei Menschen – zwei Meinungen

❤ 4.1 Wohin soll's gehen?

Ich will aufs Land

Die Frage, ob das neue Auto froschgrün oder nachtblau sein soll, kann zu heftigen Diskussionen in der Partnerschaft führen, ist aber im Normalfall kein Scheidungsgrund.

Anders sieht die Sache aus, wenn es darum geht, ob ein Paar in der Stadt oder auf dem Land leben möchte, denn dabei kommen unter Umständen völlig unterschiedliche Lebensentwürfe zum Vorschein, die eine Beziehung tatsächlich auf die Probe stellen können.

Für und Wider

Wenn dieses Thema bei Ihnen in der letzten Zeit regelmäßig an der Tagesordnung ist und für Meinungsverschiedenheiten sorgt, sollten Sie sich Zeit nehmen und sich grundsätzlich mit dieser Frage auseinandersetzen. Dabei ist es hilfreich, eine Liste der Vor- und Nachteile beider Möglichkeiten zu erstellen.

Diese Liste könnte beispielsweise folgendermaßen aussehen:

Vorteile des Stadtlebens:

- Freundeskreis
- kürzere Wege zur Arbeit
- kulturelles Angebot
- bessere Einkaufsmöglichkeiten
- öffentliche Verkehrsmittel
- ...

Nachteile des Stadtlebens:

- 💜 schlechte Luft
- 💜 zu viel Autoverkehr
- 💜 höhere Immobilienpreise
- 💜 viele Menschen auf engem Raum
- 💜 Kinder können sich weniger frei bewegen
- 💜 ...

Vorteile des Landlebens:

- 💜 stressfreiere Umwelt
- 💜 Freizeit-/Sportangebot
- 💜 mehr Naturnähe
- 💜 mehr Platz zum Leben für weniger Geld
- 💜 eigener Garten
- 💜 ...

Nachteile des Landlebens:

- 💜 Zeitverlust durch Pendeln zum Arbeitsplatz
- 💜 weite Wege ins Kino, Theater oder Restaurant
- 💜 geringere Vielfalt bei Kindergärten und Schulen
- 💜 finanzielle Mehrbelastung durch zwei Autos
- 💜 ...

Auswertung

Wenn Sie diese Liste jetzt gemeinsam durchgehen, sollten Sie nicht nur prüfen, welche Alternative die meisten Pluspunkte gesammelt hat. Wichtig sind auch die Wertigkeiten der einzelnen Argumente für jeden von Ihnen beiden. Denn die Vielfalt des Kinoprogramms ist wahrscheinlich für denjenigen, der täglich zwei Stunden zum Büro unterwegs ist, nicht so entscheidend wie der kurze Arbeitsweg. Grundsätzlich spielt dabei auch eine Rolle, in welcher Phase Ihrer Beziehung Sie sich gerade befinden und welche Prioritäten jeder von Ihnen in dieser Lebensphase hat.

Lebensentwürfe

Sind Sie frisch verliebt und genießen Ihre Zweisamkeit in vollen Zügen? Sind Sie gerade dabei, die Karriereleiter zu ersteigen, und lieben Ihre Arbeit? Oder haben Sie gerade eine Familie gegründet und planen noch weiteren Nachwuchs? Sind Ihre Kinder auf dem Weg zur Selbstständigkeit und werden das heimische Nest bald verlassen? Oder sind Ihre Sprösslinge bereits außer Haus, und beginnt für Sie beide eine ganz neue Zeitrechnung? All diese Faktoren sind bei der Entscheidung maßgeblich, ob Sie als Paar eine kleine, aber feine Stadtwohnung beziehen oder sich für die Familie ein Häuschen im Grünen zulegen und endlich eigene Tomaten anpflanzen. Eine gute Gelegenheit, sich darüber klar zu werden, welche Pläne, Träume und Ziele Sie haben: gemeinsam, aber auch jeder für sich persönlich.

Heute ist nicht alle Tage

Es kann sein, dass eine solche Entscheidung schwer zu fällen ist, weil sich Ihre eigenen Bedürfnisse und Wünsche in der momentanen Lebenssituation stark von denen Ihrer/s Liebsten unterscheiden. Aber auch hier gilt: Ihr jetziger Entschluss muss nicht für die Ewigkeit sein. Natürlich ist ein Hauskauf oder Wohnungswechsel mit Kosten und Stress verbunden, aber das wird aufgewogen durch die Zufriedenheit, die man gewinnt, wenn man genau da wohnt und lebt, wo man sich wohl fühlt, der Alltag gut funktioniert und man gleichzeitig seinen Neigungen, Interessen und Hobbys nachgehen kann. Und das ändert sich im Lauf eines Lebens. Wenn also durch eine genaue Abwägung aller Argumente mehr dafür als dagegen spricht, dass Sie und Ihre Familie gerade jetzt besser in der Stadt aufgehoben sind, heißt das nicht, dass Sie nicht in einigen Jahren doch noch Ihren Traum vom eigenen Gemüsegarten verwirklichen können.

❤ **Tipp**

Denken Sie über Kompromisse nach! Wenn Sie sich entschieden haben, in der Stadt zu bleiben, finden sich vielleicht im Freundeskreis ein paar Menschen, die gemeinsam mit Ihnen ein Wochenendhaus in der freien Natur mieten möchten, das dann abwechselnd oder gemeinsam genutzt werden kann. Und auch der umgekehrte Fall ist denkbar: Ein kleines Apartment in der Stadt, für das man sich mit einem befreundeten Paar die Miete teilt, ist das perfekte Domizil für stressfreie, kulturelle Abstecher in die Stadt und unbeschwerten Genuss des urbanen Nachtlebens.

Ferien-Immobilien: Kopf gegen Gefühl

Ein eigenes, lauschiges Refugium wenige Auto- oder Flugstunden vom heimischen Wohnort und Arbeitsplatz entfernt? Der Traum auf vom eigenen Ferienhaus in der Toskana, in Spanien oder andernorts: Wäre es nicht toll, sich öfter einmal spontan in den Wagen zu setzen oder ein günstiges Flugticket zu buchen und dem Alltag zu entfliehen? Würde man nicht einen viel engeren Kontakt zum Land und zu den Einheimischen entwickeln, wenn man dort ein eigenes Häuschen besäße? Oft teilt der Partner die Begeisterung des anderen nicht: Man ist mit der eigenen Immobilie an einen Ort gebunden. In der Abwesenheit kann eingebrochen werden. Was, wenn man krank wird oder den Job verliert? Und überhaupt stehen die Kosten in keinem Verhältnis zum zusätzlichen Nutzen, so die Einwände.

Tatsächlich dürfte in den meisten Fällen eine nüchterne Finanz-Analyse eher gegen den Erwerb einer Ferienimmobilie sprechen, besonders weil sich der weit überwiegende Teil der Käufer an anderer Stelle dafür einschränken muss. Auch ein Wiederverkauf kann problematisch und verlustträchtig sein wie der Einbruch der Haus- und Wohnungspreise in Spanien zeigt. Und: Der zur Verfügung stehende Urlaub wird auch nicht länger, wenn man eine Ferienimmobilie besitzt. Deshalb wird es dem Anhänger dieses Traums kaum gelingen, den anderen durch rationale Argumente zu überzeugen – 1:0 für den Kopf! Also sollten Sie die romantische Seite des Vorhabens betonen: „Wir waren doch immer so glücklich in Spanien ..." – „Weißt Du noch, wie unsere Kinder das Schwimmen im Gardasee gelernt haben?" Lässt sich das Gegenüber beim besten Willen nicht erweichen, gibt es einen guten Kompromiss ...

Es gibt zahlreiche Möglichkeiten – nicht nur in Spanien –, Ferienwohnungen oder Häuser über eine längere Zeit zu günstigen Konditionen zu mieten. So stellt sich ein ganz ähnliches Gefühl des in eine vertraute Umgebung Reisens ein wie nach einem Kauf. Bei Veränderungen im persönlichen Umfeld bleibt man dennoch flexibler. Vielleicht entwickelt sich die Liebe zum Eigenheim im Süden, die bei dem einen bereits besteht, nach einer gewissen Zeit zu einem gemeinsamen Traum. Optimal wäre es, das während des Berufslebens herauszufinden, um dann im Ruhestand ein schönes gemeinsames Ziel zu haben. Gibt es aber keinen Konsens, so können Sie ja das Mietverhältnis bis auf weiteres aufrechterhalten. Wichtig ist dabei nur, dass Sie daraus kein endloses Streitthema generieren.

❤ 4.2 Das liebe Geld

Streitthema Nr. 4

Sie verstehen sich großartig, aber immer mal wieder gibt es Diskussionen über das Thema Geld? Trösten Sie sich, bei einer Umfrage wurde Geld als Streitthema bereits an vierter Stelle genannt! Gerade wenn es um Hobbys und Vorlieben geht, die einem Partner mehr bedeuten als dem anderen, kann es schon mal zu unterschiedlichen Ansichten kommen. Eine dauerhafte Lösung des Problems ist aber gar nicht so schwer.

Die Budgetplanung

Vielleicht haben Sie bereits eine Finanzplanung und können genau sagen, wie viel Geld Ihnen gemeinsam nach Abzug aller fixen Kosten, den durchschnittlichen Kosten für die Lebenshaltung, für den Urlaub und der unvermeidlichen Sparsumme für Notfälle zur Verfügung steht. Falls nicht, stellen Sie eine solche Liste auf und planen Sie realistisch. Denken Sie auch an Zahlungen, die nur einmal jährlich fällig sind (z. B. Versicherungen oder Steuernachzahlungen). Von der verbleibenden Summe sollten Sie noch einen Teil für gemeinsame Unternehmungen einplanen und den Rest durch zwei teilen. So hat jeder für sich eine Summe, die für das eigene Hobby ausgegeben werden kann. Der andere hat sich in die Verwendung dieses Geldes nicht einzumischen – auch wenn Sie nicht verstehen, warum Ihr Mann ein neues Surfbrett braucht oder die Haare Ihrer Frau nur von einem besonders teuren Friseur richtig gefärbt werden können. Freuen Sie sich, dass Ihr Mann sich fit hält und Ihre Frau stets gepflegt ist. Gönnen Sie einander die Freuden, die Sie sich leisten können!

Für kleinere Geldbeutel

Wenn Sie zurzeit sehr genau haushalten müssen, sind vielleicht für jeden von Ihnen nur kleine Extras drin. Machen Sie es dann so, dass die Summe, die frei verfügbar ist, den einen Monat an Sie, den anderen Monat an ihn geht. So kann sich jeder wenigstens ab und zu eine ganz persönliche Freude gönnen. Oder aber Sie legen ein gemeinsames Sparschwein an, in das Sie jeden Abend das Kleingeld im Geldbeutel werfen. „Schlachten" Sie das Schwein alle drei Monate und teilen Sie das Geld gerecht auf.

Finden Sie eine Lösung

Auch ein festes Taschengeld für beide kann eine gute Lösung sein. Wichtig ist, dass Sie eine Regelung treffen, die Sie beide akzeptieren und respektieren können, sodass kleine Extras nicht mehr zu Diskussionen, sondern nur noch zu Freude führen!

„Wir müssen sparen – oder?"

Doch nicht nur das private Vergnügen spielt eine Rolle beim Thema Geld. Auch die Frage der privaten Vorsorge ist zu klären. Die

Diskussion um die leeren Rentenkassen, die Nachrichten über eine drohende Wirtschaftsflaute oder aber ganz allgemein Vorsicht und Besonnenheit führen dazu, dass wir für „schlechte Zeiten" oder fürs Alter vorsorgen wollen. Die Frage ist nur: Wie viel muss es denn sein, und wie sehr können und wollen Sie sich in Ihrem heutigen Lebensstandard einschränken, um für die Zukunft abgesichert zu sein? Gehen die Vorstellungen darüber zu sehr auseinander, führt dies immer wieder zu Streit in der Partnerschaft.

Daher sollten Sie versuchen, das Thema so zu klären, dass Sie beide mit dem Kompromiss leben können und die Streitereien ein Ende finden:

💗 Machen Sie gemeinsam einen Kassensturz und definieren Sie, welche Summe monatlich für die Entscheidung „sparen oder genießen" zur Verfügung stehen kann. Dies kann bei Paaren mit kleinen Kindern, bei Paaren mit nur einem Verdiener oder wenn zeitweise ein Partner von Arbeitslosigkeit betroffen ist, sehr wenig sein. Aus Vernunftgründen möchte der Vorsichtigere dann natürlich alles auf die Seite legen. Dennoch muss auch ein bisschen Lebensfreude sein; daher sollten Sie einen Betrag – und mag er noch so klein sein – definieren, der für Vergnügen ausgegeben werden darf.

💗 Den Betrag, den Sie sparen möchten, sollten Sie so aufteilen und anlegen, dass beide Partner gleichermaßen abgesichert sind. Dann fällt es beiden auch leichter, immer wieder auf etwas zu verzichten zugunsten der gemeinsamen Sicherheit in der Zukunft.

💗 Nicht nur das Sparen aus Gründen der Vorsorge, sondern auch das Zurücklegen von Geldbeträgen für ein größeres Ziel wie eine Reise, ein Auto oder gar ein Haus sollten Sie auf diese Weise regeln.

💗 Gelingt es Ihnen beim besten Willen nicht, Einigkeit über Ihre Sparpläne zu erzielen, lassen Sie sich von Dritten beraten.

❤ 4.3 Nobody is perfect!

Wie perfekt „müssen" Gastgeber sein?

In vielen Beziehungen gibt es bei der Vorbereitung von Einladungen heftige Diskussionen. Während die Frauen oft die ganze Wohnung auf den Kopf stellen, alles „klinisch rein" und perfekt aufgeräumt präsentieren möchten, sind die Männer oft entspannter: „Es gibt gute Getränke und sogar etwas zu essen – was wollen die Gäste mehr?"

Lösungsideen für entspannte Gastgeber

Wenn Sie die Wohnung wirklich perfekt präsentieren wollen, hilft nur eines: rechtzeitige Vorbereitung. Machen Sie auf jeden Fall schon einen Tag vorher klar Schiff, sodass Sie am Tag der Einladung nicht völlig k. o. und entnervt sind. Klären Sie untereinander im Vorfeld ab, wer welche Aufgaben und Einkäufe unternimmt, und planen Sie diese schriftlich – ein bisschen spießig, aber Stress reduzierend und bei großen Einladungen unerlässlich!

Wann muss es perfekt sein?

Dass Sie mit Ihrer perfekten Organisation, Ihrem tollen Haushalt und dem grandiosen Essen glänzen wollen, wenn Ihr neuer Chef zum Essen kommt, Hauseinweihung gefeiert wird oder die Schwiegermutter das erste Mal aufkreuzt, ist verständlich. Wenn aber die

Studienfreunde des Hausherrn kommen, ist Laissez-faire angesagt! Auch Ihre Eltern kennen Sie so gut, dass Sie keine Show mehr veranstalten müssen ...

Denken Sie mal nach

Mögen Ihre Freunde Sie wirklich mehr, wenn alles perfekt aufgeräumt ist, oder sind menschliche Schwächen nicht das, was man vor Freunden zeigen darf? Ist es nicht viel schöner, wenn Sie Ihre Freunde entspannt, gut gelaunt und toll gestylt empfangen? Das Wichtigste bei einer Einladung sind die Gastgeber und eine herzliche Atmosphäre, das Nächste ist die gute Zusammenstellung der Gästeliste, dann das Angebot an Speisen und Getränken. Die Brösel auf dem Boden stören dann niemanden mehr.

❤ 4.4 Deine Freunde, meine Freunde, unsere Freunde?

Deine Freunde langweilen mich

Ein Klassiker, der in Beziehungen regelmäßig zu Differenzen führt: Die Partner können mit den Freunden oder Bekannten des jeweils anderen nichts anfangen. Im ungünstigsten Fall sind sie sich sogar von Grund auf unsympathisch. Dennoch hat jeder den Wunsch, seinen Freundeskreis mit dem Lebensgefährten zu teilen, diese zu integrieren und so Gemeinsamkeit zu schaffen. In der Praxis funktioniert der gut gemeinte Ansatz aber oft nicht: Bei Zusammenkünften mit ehemaligen Kollegen oder Kommilitonen amüsiert sich der eine prächtig, während die Gedanken des anderen abschweifen: „Was hätte ich in dieser Zeit daheim nicht alles erledigen können" oder „Wäre ich doch lieber zum Sport gegangen."

Wieder zuhause angekommen, gibt es dann oft Vorwürfe: „Wenn du mit deinen Jungs/Mädels unterwegs bist, kann es gar nicht spät genug werden. Wenn wir mit meinen Freunden ausgehen, steht dir die Langeweile ins Gesicht geschrieben!"

Gemeinsame Geschichte fehlt

Oft liegt es aber gar nicht an den einzelnen Personen aus dem Umfeld des anderen, dass der Zugang misslingt. Viele Freundschaften werden in jüngeren Jahren (Schule, Ausbildung, Studium) geschlossen – die meisten verbindenden Erlebnisse oder Anekdoten fallen ebenfalls in diese Zeit. Dazu fehlt dem Partner verständlicherweise die Beziehung. Jeder hat seine eigenen stilbildenden Erlebnisse – und das ist gut so.

Sonderfall Kollegen

Seien wir ehrlich: Setzt sich eine Abendrunde hauptsächlich aus Kollegen zusammen, wird auch vorwiegend über die Arbeit gesprochen. Kein Außenstehender – auch nicht der eigene Partner – findet besonderes Interesse an Details über Umstrukturierungen, für Insider noch so spannende Projekte oder gar an Lästereien.

Zusammen neue Freunde gewinnen

Zumindest einige Freundschaften sollten sich Paare aber gemeinsam aufbauen. Diese können – müssen aber nicht – aus den angestammten Freundeskreisen kommen.

Oft ist es für beide Partner eine gute Gelegenheit, über neue Bekannte auch neue Sichtweisen oder frische Ideen kennen zu lernen.

 Fazit

Gemeinsame Freunde sind wichtig, aber auch eigene. Sie bieten einem ein Rückzugsgebiet und die Sicherheit, auch unabhängig vom Partner soziale Kontakte zu besitzen. Innerhalb einer Beziehung bietet ein eigener, regelmäßig gepflegter Freundeskreis zudem oft interessanten Gesprächsstoff für Paare und hält sie füreinander interessant.

❤ 4.5 Beziehungs- killer Rauchen?

Wer wird denn gleich in die Luft gehen ...?

Bei kaum einem Thema stehen sich die Meinungen so unversöhnlich gegenüber wie bei Nichtrauchern und Rauchern. Klar, wir wissen alle, dass Rauchen für die Gesundheit schädlich ist und unangenehme Begleiterscheinungen hat, aber es gibt eben Menschen, die aus dem einen oder anderen Grund nicht auf diese Angewohnheit verzichten wollen oder können. Schwierig natürlich, wenn solche Meinungsunterschiede quer durch die Partnerschaft verlaufen.

Egal, zu welcher Fraktion Sie gehören: Mit ein paar festen Regeln und der nötigen Toleranz lassen sich auch hier Wege finden, unnötigen Streitereien aus dem Weg zu gehen.

Für Raucher:

💜 Rücksichtnahme ist oberstes Gebot! Wenn Sie bei Nichtrauchern eingeladen sind, kämen Sie wahrscheinlich nie auf die Idee, sich in deren Wohnzimmer eine Zigarette anzuzünden. Dieselbe Rücksichtnahme hat auch Ihr nichtrauchender Partner verdient. Die gemeinsam benutzten Zimmer Ihrer Wohnung oder Ihres Hauses sollten rauchfrei bleiben, wenn Sie wissen, dass Ihr/e Liebste/r den Geruch nicht mag.

💜 Nach Nikotin schmeckende Küsse und verräucherte Klamotten sind für die meisten Menschen eine Zumutung. Achten Sie darauf, dass Ihre Kleidungsstücke nach dem Kneipenbesuch sofort an der frischen Luft oder im Wäschekorb verschwinden und Sie für „frische" Verhältnisse sorgen, bevor Sie Ihren Schatz in die Arme nehmen.

💜 Mit ein bisschen Übung werden Sie es sicher schaffen, Ihrem Partner zuliebe auf die eine oder andere Zigarette zu verzichten. Das kommt Ihnen ja auch selbst zugute. Falls Sie mit dem Gedanken spielen, das Rauchen aufzugeben, dann besprechen Sie das mit dem liebsten Menschen der Welt und bitten Sie ihn um seine Unterstützung.

Für Nichtraucher:

💜 Kommentieren Sie nicht jede Zigarette Ihrer/s Liebsten mit bissigen Bemerkungen. Oft führt Nörgelei zum entgegengesetzten Ziel und zu Trotzreaktionen – auch bei Erwachsenen!

💜 Für manche gehört die Genusszigarette zu einem guten Essen wie Vorspeise und Digestif. Wenn Ihr Schatz nicht gerade Kettenraucher ist, lässt sich die Geruchsbelästigung in bestimmten Räumen durch kräftiges Lüften durchaus in Grenzen halten. Das ist nur eine Frage der Toleranz!

❤ Es ist in Ordnung, wenn Sie sich Sorgen um die Gesundheit Ihrer/s Liebsten machen. Aber Sie können nichts erzwingen. Der Wille, ein Laster aufzugeben, muss von selbst kommen. Und vielleicht haben Sie ja auch eine Schwäche, von der Sie nur schwer lassen können?

❤ Wenn Sie merken, dass Ihr Partner Ihnen zuliebe seinen Zigarettenkonsum einschränkt oder sogar aufgibt, dann unterstützen Sie ihn durch Anerkennung und positive Bestärkung. Gemeinsam ist man stärker – auch in diesem Fall.

❤ 4.6 Störende Kleinigkeiten

Nobody is perfect

Wenn Sie sich mal wieder über Ihre/n Liebste/n ärgern, weil das Altpapier immer noch nicht entsorgt oder das Lieblingshemd ausgerechnet heute nicht gebügelt ist, dann überlegen Sie zuerst einmal, ob die Sache wirklich so schlimm ist. Ist es existenziell, dass die alten Zeitungen sofort aus der Garage verschwinden? Tut es nicht auch das zweitliebste Hemd?

Abwarten und Tee trinken

Also: Seien Sie zwischendurch großzügig und gestehen Sie Ihrem Schatz Schwächen zu – dann tut er das bei Ihnen nämlich auch. Lassen Sie ein wenig Zeit verstreichen, bevor Sie eine Diskussion über Nichtigkeiten beginnen, denn oft verraucht der Ärger ziemlich schnell. Statt wütend anzukündigen: „Wir müssen mal darüber reden, dass du nie Deinen Anteil im Haushalt erledigst" oder „Ich habe es satt, dass ich immer nach meinen Lieblingsklamotten suchen muss", können Sie diese Kleinigkeit sicher versöhnlicher aus der Welt schaffen. Sagen Sie nebenbei: „Es wäre super, wenn die Zeitungen bald mal aus der Garage verschwinden würden, weil kaum noch Platz für das Auto da ist" oder „Ich würde so gerne heute mein Lieblingshemd anziehen; könntest du es mir bitte noch bügeln?" Oder Sie bestehen einfach mal nicht auf Ihrem Recht und nehmen die Sache – freiwillig und ohne vorwurfsvolle Miene – selbst in die Hand. Wenn Sie kein Prinzipienreiter sind, dann kann auch Ihr Herzblatt Ihnen bei der nächsten „Unstimmigkeit" viel leichter entgegenkommen.

Zum Thema Pünktlichkeit ...

Während bei geschäftlichen Verabredungen die meisten von uns pünktlich erscheinen und bei ganz wichtigen Terminen noch einen Zeitpuffer einbauen, sind wir im privaten Umgang etwas lässiger. Wenn man nicht gerade gemeinsam einen Zug erreichen muss, ist ein Zuspätkommen von fünf Minuten tolerierbar. Wer später kommt, muss mit Vorwürfen rechnen und reagiert dann gereizt, denn das schlechte Gewissen meldet sich. Schon ist ein unschöner Disput zugange, den Sie aber mit etwas Entgegenkommen von beiden Seiten vermeiden können.

Seien Sie auch Ihrer Frau/Ihrem Mann gegenüber pünktlich und strapazieren Sie die Toleranz und Nachgiebigkeit nicht zu sehr. Dem für Sie wichtigsten Menschen der Welt sollten Sie doch den gleichen Respekt entgegen bringen wie Ihren Kollegen, Kunden oder Nachbarn.

Wer unpünktlich ist, signalisiert: „Ich hatte in der Zeit noch etwas Wichtigeres/Besseres zu tun; erst danach bin ich zu dir aufgebrochen." Das ist respektlos und kränkt Ihren Partner natürlich.

Tipps für eher unpünktliche Naturen:

💗 Sagen Sie nicht: „Ich komme um 19 Uhr nach Hause", sondern „Ich komme zwischen 18.45 und 19.15 Uhr."

💗 Falls Sie merken, dass es mal wieder knapp wird, sagen Sie unbedingt rechtzeitig Bescheid – dann kann Ihre Liebste noch in Ruhe etwas lesen oder Ihr Mann eine Runde spazieren gehen.

💗 Wenn Sie glauben, früh dran zu sein, erledigen Sie nicht noch schnell dies und jenes – es könnte sonst wieder zu spät werden.

💗 Warum kommen Sie oft zu spät? Haben Sie einfach immer zu viel am Hals? Überlegen Sie, welche Aufgaben Sie delegieren oder sogar abschaffen können.

Wenn Sie der Pünktlichere in Ihrer Beziehung sind, dann seien Sie bei wenigen Minuten Verspätung nachsichtig. Nehmen Sie Ihre Frau oder Ihren Liebsten in die Arme und sagen Sie: „Ich freue mich immer, dich zu sehen, auch wenn's ein bisschen später ist." Damit erzeugen Sie nicht nur für diese Situation Entspannung, sondern motivieren Ihre bessere Hälfte dazu, beim nächsten Mal pünktlicher zu sein.

💗 4.7 Immer erreichbar?

Früher und heute

Früher lautete ein beliebtes Bonmot: „Nur Dienstboten müssen immer erreichbar sein." Wer etwas auf sich hielt, manifestierte damit das eigene Recht, zumindest zeitweise ungestört seinen Gedanken nachzuhängen oder bei Gesprächen unbehelligt zu bleiben. Diese Zeiten sind lange vorbei.

Konflikt-Potenzial

In Beziehungen kann die ständige Erreichbarkeit eines Partners durchaus zu Missstimmungen führen. Das Klingeln des Handys unterbricht jäh das schöne gemeinsame Abendessen, oft die einzige Gelegenheit am Tag, ausgiebiger miteinander zu sprechen. Eine schlechte Nachricht, die man beim kurzen „Checken" der E-Mails am Sonntag erhält, verdirbt die Stimmung nachhaltig, und auch andere Störungen können durchaus zum Diskussionspunkt werden. Die neuen Kommunikationshilfen werden so zum Kommunikationskiller in der Partnerschaft. Ärger verursachen aber oft auch ausgedehnte Telefonat des Partners, wenn man sich eigentlich etwas anderes vorgenommen hat. „Muss das gerade jetzt sein, da wir doch ohnehin nur so wenig Zeit gemeinsam haben?"

Ruhezeiten definieren

In allen Fällen, egal ob man die Anrufe aus dem Büro als Zeichen der eigenen Unabkömmlichkeit schätzt oder sie eher zähneknirschend akzeptiert, egal ob man beruflich oder mit Freunden oder Verwandten einen Plausch hält, gilt: Man sollte Zeiten definieren, in denen keine E-Mails abgerufen und keine Telefonate geführt werden. Das trägt zur eigenen Entspannung bei und gibt dem anderen die Sicherheit, zu bestimmten Zeiten auf jeden Fall die uneingeschränkte Aufmerksamkeit des Partners zu genießen. Die allermeisten Arbeitgeber und Bekannten werden es akzeptieren, in dieser Zeit die Mailbox zu nutzen und später zurückgerufen zu werden.

5. Weil ich Dich liebe ...

💕 5.1 Romantik-Tipps

Nutzen Sie laue Sommernächte und überraschen Sie Ihre Liebste/Ihren Liebsten mal mit einer Übernachtung unter dem Sternenhimmel. Das kann auf dem eigenen Balkon sein, wo Sie mit Decke und Liegen, Blumen, Kerzen und Wein eine kuschelige Übernachtungsmöglichkeit schaffen. Sie können aber auch ein romantisches Abendpicknick auf einer einsamen Wiese vorschlagen, wo Sie beide bei Ihrer Ankunft dann das von Ihnen heimlich vorbereitete „Bett im Grünen" vorfinden.

Tipp: Ein Mückenschutzmittel sollte in beiden Fällen griffbereit sein.

Lässt das Wetter nun nicht gerade sommerlich-romantische Gefühle aufkommen, schlagen Sie dem Wetter ein Schnippchen, indem Sie sich den Sommer ins Haus holen: mit vielen bunten Blumensträußen und leckeren Sommergerichten, die Sie gemeinsam mit Ihrem Schatz genießen. Und wenn das alles nichts nutzt, greifen Sie eben doch zur Wolldecke und kuscheln sich zusammen aufs Sofa, um ein Fußballspiel live oder Ihren Lieblingsfilm auf DVD anzuschauen.

Natürlich wünsche ich Ihnen, dass Sie es schaffen, die unvermeidlichen Klippen in Ihrer Beziehung sicher zu umschiffen. Dabei wird es Ihnen helfen, wenn Sie sich immer wieder das Positive bewusst machen, das Sie und Ihren Schatz verbindet. Was war in Ihrem bisherigen gemeinsamen Leben besonders schön? Welche Gemeinsamkeiten waren Ihnen immer besonders wichtig und sind es auch jetzt noch? In welchen Lebensbereichen stimmen Sie vollkommen überein, ohne sich darüber verständigen zu müssen? Welche Eigenschaften lieben Sie an Ihrem Partner besonders?

Eine Sommergrippe oder eine andere Krankheit haben eigentlich nichts Romantisches. Aber gerade in diesen Zeiten genießt Ihr Mann/Ihre Frau Ihre Aufmerksamkeit ganz besonders. Wie schön, wenn Sie dann spontan einen Tag oder nur ein paar Stunden frei nehmen und ganz für den liebsten Menschen der Welt da sind. Neben den Minuten für Kissenaufschütteln und Teekochen haben Sie nämlich dann auch Zeit, sich ans Bett Ihres Schatzes zu setzen und ihm aus seinem Lieblingsbuch vorzulesen oder Händchen zu halten, während Sie gemeinsam einem spannenden Hörbuch lauschen. Glauben Sie mir: Das ist ein ganz besonderer Moment der Innigkeit.

Beim Nachdenken über die guten Zeiten fällt Ihnen wahrscheinlich vieles ein, was im Laufe des Beziehungsalltags nur zu oft in Vergessenheit gerät. Und Gutes wird allzu leicht zu einer Selbstverständlichkeit, die man nicht mehr ausreichend schätzt. Machen Sie eine Liste, schreiben Sie sich das Positive auf – und teilen Sie es auch dem liebsten Menschen der Welt von Zeit zu Zeit mit: durch Worte, kleine schriftliche Botschaften oder liebevolle Gesten.

Der Sommer hat viele Vorteile – einer davon: wunderschöne Sonnenuntergänge zu später Stunde. Um diese zu zweit voll genießen zu können, empfehlen wir Ihnen ein abendliches Picknick auf einem Turm. Dies kann ein Leuchtturm an der Küste sein oder ein

Wehrturm in einer mittelalterlichen Stadt. Wichtig ist, dass Sie den Turmwärter rechtzeitig bitten, das Gebäude länger offen zu lassen, eventuell sogar den Schlüssel an Sie zu geben. Gelingt es Ihnen nicht, einen Turm für dieses romantische Vorhaben zu „erobern", können Sie auch auf einen einsamen Hügel oder ein Hochhausdach mit Blick nach Westen ausweichen.

Romantik und Arbeitsplatz, passt das zusammen? Ich glaube schon, und es muss nicht das auffällige Familienporträt auf dem Schreibtisch sein. Schenken Sie Ihrem/r Liebsten einen kleinen Wechselrahmen, den man immer wieder mit neuen Erinnerungen bestücken kann – der Eintrittskarte eines besonders schönen Konzerts, das Sie gemeinsam besucht haben, die Bordkarten von der wunderbaren Reise, an die Sie beide so gerne zurückdenken, oder ein Foto von Ihrem Lieblingsplatz am See. Schon ein kurzer Blick darauf wird Ihren Schatz auch in der Hektik des Arbeitsalltags immer wieder an die schönsten gemeinsamen Momente erinnern.

Bekanntlich soll man ja niemandem verraten, was man sich wünscht, wenn man eine Sternschnuppe sieht. Aber bestimmt gibt es Wünsche, die Sie und Ihr/e Liebste/r gemeinsam für die Zukunft hegen. Legen Sie sich also in der nächsten sternenklaren Nacht mit Ihrem Schatz unters Himmelszelt und halten Sie Ausschau. Und wenn dann Ihr gemeinsamer Stern vom Himmel fällt, wissen Sie ohne Worte, was Sie sich miteinander wünschen. Denn: Doppelt genäht hält besser ...

Ein Candlelight-Dinner ist nicht der aller-
neueste Romantik-Tipp. Aber wann haben Sie
tatsächlich zum letzten Mal eines zelebriert?
Verbinden Sie es doch mit einer Überraschung:
Wie wäre es, wenn beim nächsten Besuch Ihres
Lieblingsitalieners dort bereits ein ganz besonders liebevoll gedeckter Tisch mit Kerzenleuch-
tern und frischen Blumen auf Sie beide warte?
Das lässt sich mit einem Telefonat im Vorfeld leicht
arrangieren. Oder gehen Sie einen Schritt weiter und decken Sie in
einer Vollmondnacht den Tisch im Garten oder an einem See und
führen Sie Ihre Liebste mit verbundenen Augen an ihren Platz.

Im Frühling sind romantische Momente besonders leicht herbei-
zuzaubern, denn die Natur tut ihr Bestes, um uns zu verwöhnen.
Oder kennen Sie etwas Poetischeres, als einen üppigen Strauß
schneeweißer Pfingstrosen oder ein Arm voll duftende Fliederzwei-
ge, die Ihr Schatz Ihnen mitbringt, wenn er Sie von der Arbeit ab-
holt?

Schöne Erinnerungen kann Ihnen niemand nehmen. Wenn Ihre
Beziehung vielleicht gerade auf Sparflamme läuft, hat es mitunter
eine wunderbare Wirkung, alte Zeiten wachzurufen und sich daran
zu erinnern, wie viele schöne Augenblicke Sie und der liebste
Mensch der Welt schon miteinander verbracht haben und welche
gemeinsamen Ereignisse und Unternehmungen Sie besonders miteinander verbinden. Schaffen Sie eine romantische Stimmung und
machen Sie mit Ihrem Schatz eine Reise in die Vergangenheit, bei
der Sie die Lieblingsmomente Ihres gemeinsamen Lebens Revue passieren lassen. Vielleicht finden Sie den einen oder anderen Moment,

der sich noch mal wiederholen lässt – ein bestimmtes Reiseziel, ein besonderes Hotel, ein spezielles Konzert oder ein spontaner Ausbruch aus dem Alltag, der Sie in die Anfangszeiten Ihrer Liebe zurückbringt.

   Eine Blumenwiese ist der Inbegriff von Sommer, Freizeit und Wohlfühlen. Ist aber der Winter in unsere Breiten zurückgekehrt und werden wir noch auf den Genuss einer Blumenwiese warten müssen. Bereiten Sie doch für Ihre Liebste oder Ihren Mann mal eine ganz eigene Blumenwiese vor. Dies kann in einem Zimmer auf dem Fußboden sein, wo Sie ein Stück Rollrasen auf eine Folie legen und einige blühende Blumenstöckchen darauf stellen, oder aber auf dem Esstisch. Decken Sie Ihren Tisch wie gewohnt und stellen Sie dann dicht an dicht kleine Blumentöpfchen auf den gesamten Tisch. Auch hier empfiehlt es sich, eine Folie zu unterlegen.

   Ist Ihr Balkon oder Ihre Terrasse schon bereit für lauschige Abende und romantische Nächte? Wenn nicht, dann machen Sie sich bald ans Werk!

   Wenn Sie beide Fans des Südens sind, dann bieten sich große Oleander- oder Kirschlorbeerbüsche an, die gleichzeitig auch als Sichtschutz dienen können. Dazu duftende Kräuter wie Lavendel, Rosmarin und Thymian in Terracotta-Töpfen. Ihre Garten- oder Balkonmöbel peppen Sie mit farbenfrohen neuen Sitzkissen auf – und dem dazu passenden farbigen Sonnenschirm (der ruhig auch in der Nacht geöffnet bleiben darf). Und nicht zu vergessen: ein oder besser gleich mehrere Windlichter für romantischen Kerzenschein.

Wenn Sie jetzt beim Griechen um die Ecke noch den Wein finden, der Ihnen beiden im letzten Urlaub so gut geschmeckt hat, werden Sie auf den nächsten vielleicht sogar verzichten ...

Wenn Ihre verliebten Urlaube eher im hohen Norden stattfanden, können Sie auch nordisches Flair auf Ihrem Balkon zaubern: mit einem Meer von Hortensien. Dazu zwei Deck-Chairs mit gestreiften Auflagen und zwei kuschelige Decken, damit Sie den Sternenhimmel auch dann noch genießen können, wenn es kühler wird. Ein kleiner Beistelltisch macht sich besonders gut, wenn Sie ihn mit Ihrer Muschelsammlung der letzten Jahre dekorieren – am schönsten unter Glas in einem Bett aus Sand! Perfekt wird die Nordsee-Romantik, wenn Sie irgendwo ein oder zwei alte Schiffslampen auftreiben, die – mit Petroleum oder großen Kerzen bestückt – Ihre Stunden zu zweit ins rechte Kuschellicht setzen.

Es ist in einer Beziehung immer schön, sich gemeinsam an den Zeitpunkt zu erinnern, an dem man sich kennen gelernt hat, und diesen Jahrestag feierlich zu gestalten. Das zeigt dem Partner, dass man auch nach längerer Zeit über diese Fügung glücklich ist. Eine besondere Freude bereitet man dem Gegenüber, wenn man dafür auch den Ort auswählt, an dem aus dem ersten Knistern mehr wurde. Wissen Sie's noch – und spüren Sie's wieder?

Rituale sind nicht öde, sondern romantisch – wenn man sie zu nutzen weiß! Gerade wenn Sie mal getrennt voneinander leben und/oder arbeiten müssen, tun die lieb gewordenen gemeinsamen Gewohnheiten gut. Sei es die Tasse Tee vor dem Zubettgehen, das Kerzenlicht beim Abendessen oder der „Tatort" am Sonntagabend. Halten Sie an Ihren gemeinsamen Ritualen fest und denken Sie innig an Ihre Frau/Ihren Mann, die/der gerade nicht bei Ihnen sein kann. Zu wissen, dass Sie beide zeitgleich das Gleiche tun, schafft ein wundervolles Band!

Bringen Sie statt eines im Geschäft gekauften Blumenstraußes einen selbst gepflückten Wiesenblumenstrauß mit. Das wirkt noch liebevoller!

Gleichgültig, ob Sie geschäftlich oder aus familiären Gründen, wegen eines interessanten Seminars oder einer spannenden Sportveranstaltung ohne Ihren Mann/Ihre Frau verreisen - Sie werden den liebsten Menschen der Welt vermissen und auch vermisst werden! Zeigen Sie der/dem Daheimgebliebenen doch, wie nahe Sie gefühlsmäßig sind: Kleben Sie vor Ihrer Abreise kleine Zettelchen an Alltagsgegenstände! Diese zeigen, wie gut Sie sich in Ihr Gegenüber hineinversetzen können und dass Sie zu jeder Tages- und Nachtzeit in Gedanken an seiner/ihrer Seite sind. Einige Beispiele:

- Auf ihrer/seiner Frühstückstasse: „Schade, dass du dir heute deinen Kaffee selbst kochen musstest - ich bin bald wieder da!"
- Auf ihrem Lieblingsnachthemd, das auch Ihr Lieblingsnachthemd ist: „Zieh das bitte nicht heute an, sondern am Freitag – dann kann ich endlich wieder bei dir sein!"
- Auf dem Telefonhörer: „Wenigstens kann ich so deine Stimme hören – ich vermisse auch alles andere an dir!"
- Auf dem Autolenkrad: „Bitte fahr vorsichtig, damit ich Dich bald unversehrt in die Arme nehmen kann – ich liebe dich!"

Jeder wünscht sich im Sommer vor allem strahlend sonnige Tage und lauschige Nächte. Aber ist es wirklich so schlimm, wenn es mal regnet? Eigentlich nicht, denn ein milder, verregneter Abend kann sehr romantisch sein, wenn man ihn mit einer Kerze unter einer Markise verbringt und dem Geräusch der Regentropfen lauscht. Und auch die Flucht vor einem überraschenden Gewitter kann im spontan gefundenen Unterschlupf durchaus zu kuscheligen Momenten führen ...

Lassen Sie sich also nicht von bedrohlichen Wolken die Laune verderben, sondern suchen Sie für sich und Ihr Herzblatt einen gemütlichen Platz, an dem aus der Regenstimmung mit ihrem speziellen Geruch, dem eigenen Klang und dem besonderen Licht Ihre ganz persönlichen romantic moments werden.

„Wenn der weiße Flieder wieder blüht ...“ Egal, ob Maiglöckchen, Pfingstrosen, blühende Apfelbäume oder Flieder: Der Mai eignet sich mit seiner Blütenpracht besonders für romantische Überraschungen. Dabei steht die Farbe Weiß für Frische, Leichtigkeit und unbeschwerte Sinnlichkeit. Sie haben viele Möglichkeiten, den Zauber des Monats zu nutzen. Überraschen Sie Ihre Frau oder Ihren Mann mit einem Tag, der unter dem Motto „weißer Mai“ steht!

Ein kleiner Strauß Maiglöckchen in einer hübschen Vase auf dem meist eher zweckmäßig gedeckten Frühstückstisch wird Ihre/n Liebste/n schon am frühen Morgen in gute Laune versetzen. Im Laufe des Tages findet er/sie dann in seiner/ihrer Tasche ein blütenreines weißes Taschentuch, das Sie mit seinem/ihrem Lieblingsduft besprüht haben. Und zum Abendessen gibt es Spargel und einen spritzigen Weißwein. Den liebevoll vorbereiteten Esstisch schmückt ein großer Strauß weißer Flieder oder eine Vase voll üppiger weißer Pfingstrosen.

Dem Reiz der Farbe Weiß wird Ihr Partner endgültig erliegen, wenn Sie beim Schlafengehen ein neues, blütenzartes weißes Spitzennachthemd tragen – oder wenn Sie Ihrer Frau ein neues weißes Spitzennachthemd als Überraschungsgeschenk aufs Bett legen.

Der Sommer zeigt sich von seiner schönsten Seite, und das sollten Sie mir Ihrer Liebsten ausnützen! Entführen Sie sie zu einer romantischen Ruderbootfahrt. In Ihrer Nähe gibt es keinen See und kein Meer? Dann aber vielleicht einen Freizeitpark mit kleinem Gewässer oder einen künstlichen Teich im Park! Auch nicht? Dann müssen Sie vielleicht um die Bootsfahrt herum noch ein schönes Ausflugswochenende planen – die Frau an Ihrer Seite wird sich sicher auch über diese etwas größere Überraschung freuen.

Heute ist Vollmond – müssen Sie mehr zum Thema Romantik hören? Eigentlich nicht, oder? Planen Sie also für den Vollmondabend einen romantischen Spaziergang, einen ausgiebigen Balkonabend oder sogar einen Abstecher aufs Land oder an den nächsten See ein, damit Sie den besonderen Zauber der Vollmondnacht in vollen Zügen genießen können. Und trauen Sie sich ruhig mal wieder, Hand in Hand mit Ihrem Schatz spazieren zu gehen, auch wenn Sie dies vielleicht schon ewig nicht mehr gemacht haben. Das weckt Erinnerungen an die Zeiten des ersten Verliebtseins und hilft dabei, die ganz besondere, vertraute Nähe zwischen Ihnen wieder herzustellen, die im Alltag so oft verloren geht.

❤ 5.2 Überraschungen

Ihre Frau träumt schon lange von einem Cabriolet einer Nobelmarke, Ihr Mann möchte gerne mal mit einem Maserati durch die Gegend brausen? Auch wenn Ihre Haushaltskasse – wie bei den meisten von uns – eine derartige Anschaffung nicht hergibt, können Sie dem wundervollsten Menschen der Welt diesen Wunsch erfüllen. Mieten Sie diesen fahrbaren Untersatz einfach für ein Wochenende und holen Sie Ihren Schatz am Freitagabend damit vom Büro ab.

Haben Sie Ihre Urlaubsplanung schon abgeschlossen, oder liegt eine Entscheidung über das Reiseziel noch in weiter Ferne, weil Ihr/e Liebste/r wahnsinnig gerne nach Asien reisen würde, Ihnen aber mehr der Sinn nach einem Genießerurlaub in der Toskana steht? Springen Sie über Ihren Schatten und verblüffen Sie den liebsten Menschen der Welt mit Ihrer überraschenden Zustimmung zu seinem Herzenswunsch. Manche Gelegenheiten kommen nicht wieder, und Sie können Ihrem Schatz mit Sicherheit keine größere Freude machen, als seinem Wunsch in diesem Fall „bedingungslos" nachzugeben. Und es kann ja sogar passieren, dass er Sie mit seiner Begeisterung ansteckt, wenn Sie sich mal auf etwas ganz Neues einlassen!

Ihre Frau wird befördert, Ihr Mann hat einen runden Geburtstag? Eigentlich ein Grund zu feiern, doch oft scheut sich der zu Feiernde davor – zu viel Arbeit, man will sich selbst nicht so wichtig nehmen, man möchte mit der eigenen Tüchtigkeit nicht angeben oder aber die Zahl der Lebensjahre ignorieren. Wie dem auch sei, insgeheim feiert jeder gerne. Überraschen Sie den liebsten Menschen der Welt doch mal mit einer Party, von der er/sie nichts ahnt! Wichtig ist dabei, dass die Gäste vor Ihrem Schatz eintreffen und nicht in unmittelbarer Umgebung parken. Dann stellt sich das Grüppchen versteckt im Garten oder einer Nische im Wohnbereich auf und kaum betritt der liebste Mensch der Welt die „Bühne", gibt es ein großes Hallo und Gratulieren!

Ein Feuerwerk ist der Inbegriff von Feierlichkeit und zeigt, dass man sich mit seinen Mitmenschen gemeinsam über ein bestimmtes Ereignis freuen will. Wie schön, wenn Sie Ihre Liebste/Ihren Mann mit einem Feuerwerk zum runden Hochzeitstag oder zu einem bestimmten Geburtstag überraschen. Für die Vorbereitung sollten Sie sich allerdings viel Zeit nehmen: Zunächst gilt es, einen professionellen Feuerwerker zu finden, am besten in Ihrer Nähe, um Anfahrtskosten zu sparen. Dieser muss dann bei den Behörden das Feuerwerk genehmigen lassen. Ganz billig ist so ein Feuerwerk auch nicht, aber der besondere Anlass, das Strahlen des liebsten Menschen der Welt und Ihrer Gäste ist Ihnen diesen Aufwand sicher wert.

Ist Ihr Schatz abends oft zu müde zum Lesen, oder liebt er Hörbücher? Dann wird er es bestimmt genießen, sein Lieblingsbuch aus Ihrem Mund zu hören. Machen Sie es sich im Bett oder auf dem Sofa gemütlich (am besten so, dass sein/ihr Kopf auf Ihrem Schoß liegt) und lesen Sie ihm/ihr vor – ob aus dem Lieblingsbuch

oder einer spannenden oder prickelnden Lektüre, die Sie selbst aus-
gesucht haben, bleibt dabei Ihrem Geschmack überlassen. Besonders
gut eignet sich dafür ein Sonntagvormittag!

Schöne Frühjahrs- und Sommerabende sind in unseren Breiten
keine Selbstverständlichkeit und müssen genutzt werden! Überraschen Sie Ihren Schatz, indem Sie ihn von der Arbeit abholen – aus-
gerüstet mit Picknickdecke, Badesachen, Badmintonschlägern oder
einem leckeren Brotzeitkorb. Und dann suchen Sie, ganz nach per-
sönlicher Vorliebe, ein gemütliches Plätzchen oder einen schönen
Biergarten und verbringen dort einen wunderbaren Abend.

Grüßen Sie Ihre Liebste/Ihren Mann
doch mal mit „Ihrem" Lied oder dem
Lieblingssong Ihres Schatzes im Radio!
Auch wenn es nicht live gehört wird, kann man bei den
meisten Radiosendern die entsprechende Stelle aus dem Internet
herunterladen.

Ihre Frau ist so beschäftigt, dass Sie seit Wochen darüber klagt,
dass Ihr die Zeit für eine Autowäsche fehlt? Ihr Mann findet seit
Monaten keine Stunde Zeit, seinen Hobbyraum aufzuräumen? Spie-
len Sie Heinzelmännchen! Machen Sie kein Aufhebens, erledigen
Sie für Ihren Liebsten/Ihre Liebste das, was ihm/ihr schon lange im
Nacken sitzt. Wenn auch Sie keine Zeit haben, engagieren Sie den
Nachbarsjungen oder einen Studenten, der das Projekt abarbeitet.
Diese kleine Überraschung schenkt Ihnen beiden das, was am kost-
barsten ist: Zeit füreinander.

Überraschen Sie doch den liebsten Menschen der Welt mit einer Direktverbindung zu Ihnen, quasi einem „roten Telefon" für die Liebe. Heute sind Handys ohne Vertragsbindung, bei denen die Telefonkarten immer wieder aufgeladen werden (Prepaid), oft schon für unter 30 Euro im Angebot. Kaufen Sie so ein Gerät und geben Sie die Telefonnummer ausschließlich Ihrem Partner. Wenn dieses Handy klingelt, wissen Sie auf jeden Fall, dass Ihre Frau/Ihr Mann Sie sprechen möchte und nicht irgendjemand.

Eine besonders schöne Überraschung können Sie Ihrem Schatz bereiten, wenn Sie sich hin und wieder völlig unerwartet Zeit für ihn nehmen und gemeinsam mit ihm ein paar gemütliche oder unternehmungslustige Stunden verbringen. Wenn Sie also normalerweise abends oder am Wochenende arbeiten, wenn Sie regelmäßig mit Freund/inn/en weggehen oder häufig im Fitness-Studio zu finden sind: Verzichten Sie gelegentlich spontan auf diese „Gewohnheiten" und laden Sie den liebsten Menschen der Welt unvorhergesehen ins Kino, zum Essen, zu einem Museumsbesuch oder zu einem Kuschelabend auf dem Sofa ein.